Karl Pörnbacher

Crescentia Höß
begegnen

Karl Pörnbacher

Crescentia Höß begegnen

SANKT
ULRICH
VERLAG
GmbH

Titelbilder: Eberhard Thiem

Die Deutsche Bibliothek – CIP-Einheitsaufnahme

Pörnbacher, Karl:
Crescentia Höß begegnen / Karl Pörnbacher. - Augsburg:
Sankt-Ulrich-Verl., 2001 (Zeugen des Glaubens)
ISBN 3-929246-64-3

© 2001 by Sankt Ulrich Verlag GmbH, Augsburg
Alle Rechte vorbehalten
Umschlaggestaltung: UV Werbung, Mediengruppe Sankt Ulrich Verlag Augsburg
Druck und Herstellung: Ludwig Auer GmbH, Donauwörth
Printed in Germany
ISBN 3-929246-64-3

Ein erster Blick auf
Crescentia Höß

1672   Am 25. Oktober heiratet Mathias Höß in Kaufbeuren Luzia Hörmann.

1681   Mathias Höß wird Präfekt der Marianischen Bürgerkongregation.

1682   Am 20. Oktober wird Anna Höß als sechstes von acht Kindern geboren.

1703   Am 17. Juni Eintritt in das Kaufbeurer Franziskanerinnenkloster – Ordensname: Crescentia

1704   Am 18. Juni legt Crescentia Höß die ewigen Gelübde ab.

1710   Crescentia erhält die Ämter der Klosterpförtnerin und der Krankenschwester.

1717   (vielleicht auch schon 1714) Crescentia wird Novizenmeisterin.

1720   Der Benediktiner-Pater Magnus Remy malt nach Crescentias Angaben einen Schulterwundenheiland im Kerker.

1721   Im April fährt Crescentia zu der Karmelitin Maria Anna Josepha a Jesu Lindmayr nach München.

1722   Crescentia berät Fürstabt Rupert II. von Bodman in Kempten im Nachfolgestreit.

1728   Joseph Ruffini malt nach Crescentias Angaben ein Bild des Hl. Geistes.

1731   Die Kurfürstin Maria Amalia von Bayern besucht Crescentia.

1732   Zum Jahresbeginn kommt Kurfürst Clemens August, Erzbischof von Köln, zu Crescentia.

1741	Die Oberin Johanna Altwögerin stirbt am 20. Juni. Am 23. Juni wird Crescentia zur Nachfolgerin gewählt.
1744	Am Ostersonntag, 5. April, stirbt Crescentia.
1775	Am 16. Mai wird in Kaufbeuren der Seligsprechungsprozeß eröffnet.
1790	Die Akten werden nach Rom gebracht.
1801	Papst Pius VII. verkündet am 2. August, daß *die ehrwürdige M. Crescentia Hössin sich durch einen heldenmäßigen Grad der Tugend ausgezeichnet hat.*
1806	Im Zug der Säkularisation wird das Franziskanerinnenkloster in Kaufbeuren aufgehoben.
1831	Am 14. Januar wird dem Kaufbeurer Konvent erlaubt, wieder Novizinnen aufzunehmen.
1884	Der Seligsprechungsprozeß für Crescentia Höß wird weitergeführt.
1900	Am 25. Februar Anerkennung des Ergebnisses durch den Heiligen Vater. Papst Leo XIII. spricht Crescentia am 7. Oktober selig.
1901	5.–12. Mai Nachfeier in Kaufbeuren.
1922	Das Kaufbeurer Franziskanerinnenkloster nennt sich Crescentiakloster.
1998	Vom 24. Juni–28. Juli kanonischer Prozeß für die Heiligsprechung in Kaufbeuren.
2000	18. Dezember Anerkennung des Ergebnisses durch den Heiligen Vater Johannes Paul II.
2001	Papst Johannes Paul II. verkündet am 13. März den 25. November als Termin für die Heiligsprechung.

INHALT

I. Auf dem Weg zur Franziskanerin

Crescentias Herkunft und Umwelt

A m 20. Oktober 1682 wurde Anna (Crescentias Taufname) Höß als sechstes von acht Kindern des Wollwebers Mathias Höß in Kaufbeuren geboren. Die Stadt zählte damals etwa 2500 Einwohner, war zu gut zwei Drittel evangelisch und nur zu einem Drittel katholisch. Zum katholischen Bevölkerungsteil gehörten vor allem einfache und sozial schwächer gestellte Handwerker. Die Katholiken hatten jedoch einen starken Rückhalt bei der Bevölkerung des katholisch gebliebenen Umlandes, auf das auch der Rat bei seinen Entscheidungen Rücksicht nehmen mußte. Außerdem gab es die nachhaltige Unterstützung durch das Hochstift Augsburg und das Kurfürstentum Bayern sowie die benachbarten Benediktinerklöster Irsee, Füssen, Ottobeuren und Kempten. Wichtig waren jedoch vor allem die Jesuiten, die sich 1627 auf Vorschlag und Wunsch des Augsburger Bischofs Heinrich V. von Knöringen in Kaufbeuren niedergelassen hatten. In der konfessionell geteilten Stadt fanden sie ein reiches Betätigungsfeld: Predigtdienst in der Pfarrkirche St. Martin, Gründung der Marianischen Kongregation sowie ab 1629 Erziehung und schulische Ausbildung begabter junger Menschen durch Religionsunterricht und die Gründung eines Gymnasiums. Sie bestimmten weitgehend das religiöse Leben des katholischen Bevölkerungsteils in der freien Reichsstadt.

Die Familie Höß stammte aus der Umgebung von Kaufbeuren. Crescentias Großvater, Johannes Höß, erwarb im September 1631 das Bürgerrecht in Kaufbeuren und heiratete die Kaufbeurerin Magdalena Metzler, mit der er zehn Kinder hatte, darunter Mathias, den Vater Crescentias. 1644 erwarb er eine Haushälfte in der Neuen Gasse, die das Geburtshaus Crescentias werden sollte.

Zu **Jesuiten** siehe Randnote S. 34.
Die **Marianische Kongregation**, eine Vereinigung der Laien zur Förderung der Frömmigkeit und der Lebensgestaltung in Gott wurde 1584 für Studenten und 1586 für Nichtstudenten gegründet. Leiter waren jeweils ein geistlicher Präses und ein Laie, der sog. Präfekt.

Johannes Höß war überzeugter Katholik und schloß sich der Marianischen Kongregation an. 1655 erhielt er das Amt eines Consultors, 1661 sowie 1669 amtierte er als Schatzmeister. Er starb 1676. Seine Frau überschrieb ihren Hausanteil für 30 Gulden an ihren Sohn Mathias und kaufte sich für diesen Betrag ins Spital ein, wo sie 1680 starb.

Mathias Höß fühlte sich schon durch seinen Vater eng mit den Jesuiten und der Marianischen Kongregation verbunden. Auch er erhielt bald wichtige Ämter: Von 1673 bis 1675 war er Lektor, 1676 bis 1678 Consultor, 1679 Secretarius, 1680 zweiter Assistent und 1681 Präfekt, also Vorstand der Kongregation. Er verband überzeugende Frömmigkeit mit häufigem Fasten und harten Bußübungen.

Von Beruf war Mathias Höß Wollweber. Das Textilgewerbe in Kaufbeuren erholte sich in den Jahrzehnten nach dem Dreißigjährigen Krieg nur langsam. Im 18. Jahrhundert verschlechterte sich die Situation der Weber sogar noch. 35 Prozent der Bevölkerung gehörten 1665 der Weberzunft an, doch sie bezahlten nur 19 Prozent der städtischen Steuern. Die wichtigsten Produkte, die in Kaufbeuren aus Leinen und Baumwolle hergestellt wurden, nämlich Barchent für Schürzen und Bettzeug und Bombasin für Futterstoff, ließen sich nur zu niederen Preisen verkaufen. Wegen des Überangebots durfte jeder Weber nur einen Webstuhl aufstellen. Die Werkstatt wurde meist im Keller eingerichtet, weil die Feuchtigkeit für das Webmaterial günstig war. Die Gesundheit litt allerdings darunter; außerdem beeinträchtigte das schlechte Licht die Augen.

Die Weber wählten Mathias Höß wegen seines überzeugenden Auftretens und seiner Fähigkeit, nachdrücklich zu formulieren, zu ihrem Sprecher. 1699 z. B. beschwerte er sich vor dem Rat über die schlechte Behandlung der Weber durch die wohlhabenden Kaufherren, die dem Rat angehörten, weil sie mehr auf ihren Profit bedacht waren als auf das Wohlergehen der Handwerker.

Mathias Höß nützte jede Gelegenheit, sich etwas hinzuzuverdienen. 1693 bewarb er sich beim Rat um die Stelle eines Hochzeitsladers, der den Ablauf von Hochzeitsfeierlichkeiten zu organisieren hatte, und um die Stelle eines Procurators, der als Anwalt vor Gericht auftreten durfte.

Am 25. Oktober 1672 hatte der *ehrbare junge Geselle* Mathias Höß vom Rat die Erlaubnis zur Heirat mit der am 12. Dezember 1643 in Füssen als Tochter des Baders Kaspar Hörmann geborenen Luzia Höß erhalten. 1657, mit 14 Jahren, war sie nach Kaufbeuren gekommen und hatte als Hausmagd gearbeitet, davon elf Jahre bei dem Kaufbeurer Bader Bartholomäus Bonraus. Von ihrem Vater und vor allem von ihrem Kaufbeurer Dienstherrn hatte sie medizinische Kenntnisse erworben, die sie an ihre Tochter Anna weitergab. Mit großem Geschick behandelte sie Patienten, renkte Brüche ein, rührte Salben an und mischte Teeblätter zum Heilmittel bei zahlreichen Krankheiten. Sie wurde in viele Häuser gerufen, kam öfters auch ins Franziskanerinnenkloster und unterrichtete Bürgerstöchter im Nähen.

Die Arbeit im düsteren, feuchten Weberkeller hatte im Lauf der Jahre die Gesundheit und die Sehkraft von Mathias Höß geschwächt. Er starb im Juni 1728, seine Frau Luzia war bereits am 18. Februar 1727 gestorben. Von den acht Kindern überlebten nur drei das Kindesalter. Die 1678 geborene Maria trat 1698 in das Franziskanerinnenkloster Hagenau im Elsaß ein, wo sie 1761 starb. Die 1687 geborene jüngste Tochter Regina heiratete den Wollweber Joseph Heinritz, mit dem sie 16 Kinder hatte. Sie lebte bis 1757 und konnte ihre Kinder nach dem frühen Tod ihres Mannes im Juli 1728 nur aufziehen, weil sie zu Lebzeiten Crescentias und auch nach deren Tod von Gönnern finanziell unterstützt wurde.

Mädchen konnten in Kaufbeuren die katholische oder die evangelische Voksschule besuchen, wo sie im Lesen, Schreiben, Rechnen und in Religionslehre unterrichtet wurden. Mathias Höß schickte seine Kinder in die Schule bei St. Martin. Anna fiel dem Lehrer Johann Michael Biber wegen ihrer glänzenden Begabung auf. *Sie lernt geschwind wie eine Zündschnur,* stellte er fest und lobte ihre rasche Auffassungsgabe, ihr erstaunliches Urteilsvermögen sowie ihr hervorragendes Gedächtnis. Schon hier zeigte sich ihre Fähigkeit, sich ausschließlich auf das zu konzentrieren, was sie im Augenblick zu tun hatte und es dann auch bestens auszuführen. Biber war ein begeisterter Musiker, der Crescentias Musikalität förderte und sie wegen ihrer besonders guten Stimme häufig solistisch auftreten ließ.

Annas Religionslehrer, der Jesuitenpater Ignatius Wagner, war oft überrascht von ihren vernünftigen Antworten, ihren klugen Überlegungen und tiefgründigen Fragen. Nach dem Bericht ihrer jüngeren Schwester Regina sagte er ihr wiederholt: *Kind, du mußt einen höheren Lehrmeister haben!*

Die Kommission, bestehend aus dem Augsburger Stiftsherrn Johann Baptist Bassi und dem Augustinerchorherrn Eusebius Amort aus Polling, die der Augsburger Bischof nach Crescentias Tod im September 1744 in das Kaufbeurer Kloster schickte, notierte auch die Aussagen von Regina Heinritz, daß Anna schon als Kind außerordentlich fromm gewesen und gerne in die Kirche gegangen sei, wo sie intensiv gebetet und aufmerksam die schönen Bilder und Figuren betrachtet habe. Derartige Eindrücke, dazu die frommen Ermahnungen und Geschichten, die sie in Kirche, Schule und Elternhaus hörte, verdichteten sich in Verbindung mit ihrer reichen Vorstellungskraft zu Visionen, bei denen sie verständlicherweise gar nicht überlegte, ob ihr das Geschaute von Gott mitgeteilt wurde, oder ob es sich um Eindrücke handelte, die eher von ihren Gebeten, Gefühlen, frommen Wünschen und der lebendigen Einbildungskraft bestimmt waren.

Eine Biographie des Franziskanerpaters Kilian Katzenberger erzählt von solchen Visionen: *Als die kleine Anna drei Jahre alt war, sezte sie ihr Muetter an den Tisch und gab ihr ein wenig Milch nebst einem Apfel und Bürn, sie darmit zu stillen, damit sie indessen ihrer arbeith konte abwarthen. Als nun dieses Analein also allein ware, khame zu ihr ein schönes kleines Knäblein in einem viol blauen Röckhlein, rothen Mäntelein, paarfueß und blossen häubtlein. Sie redete gleich dises Knäblein an und sagte: Esse auch mit mir ein milchlein. Daß Knäblein aber sagte: Mein*

Diesen Bericht aus Katzenbergers handschriftlicher Biographie zitiert ARTHUR MAXIMILIAN MILLER: *Crescentia von Kaufbeuren. Das Leben einer schwäbischen Mystikerin*, Augsburg 1968. Weitere Literatur siehe Lesetips S. 181 f.

13

Vatter hat vill ein bössere milch speisen als dise. Sie botte ihm den Apfl und Birn an, dises aber sagte widerumb: Mein Vatter hat vill bössere Äpfl und Bieren in seinem Gartten als diese sind. Sie fragte: wer ist dan dein Vatter? und wie heißt du? Das Knäblein antworthet: Mein Vatter ist der himmlische Vatter. Mein Haus und Statt ist das himmlische Jerusalem und Ich heiß Jesus. Sie fragte weiters: wie heißt dan dein Muetter? Das Knäblein antworthet: Maria ist der Name meiner lieben Muetter. Da sagte das kleine Annalein: Fiebre mich auch zu deinem Vatter und in seinen gartten, und gib mir auch so gute speisen, Äpfl und Bürn. Da nahm das Knäblein sie bei dem händlein und fiehret sie also mit sich zu seinem himmlischen Vatter in das himmlische Paradeys, fiehrte sie in solchem herumb und gabe ihr Speisen, Obst, Früchten und Blumen. Es war auch in disem himmlischen hause alles so, als wenn alle Innwohner in eben disem alter wären wie es Anna ware, klein und kindlich ihrem ansehen nach, redeten und handelten sie mit ihr als wie Kinder.

Der Jesuitenpater Dominikus Ott berichtete 1780 davon, wie Anna nach der Vision wieder zu sich kam und merkte, daß sie auf ihrem Bett lag, wohin sie von ihrer Mutter gebracht worden war, weil diese die Vision als tiefen Schlaf angesehen hatte.

An anderer Stelle erwähnte Pater Ott eine mystische Heirat zwischen dem Jesuskind und der kleinen Anna: *Es erschien ihr das göttliche Kind und sagte zu ihr: Meine Freude ist es, bei den Menschenkindern zu sein. Mein Kind, schenke mir dein Herz.*

Natürlich läßt sich nicht feststellen, was hier tatsächlich Vision oder Traum war und was die unmittelbare, lebendige Umsetzung von verschiedenartigen Eindrücken. Aufschlußreich sind neben dem religiösen Bezug auch die außerordentlich lebendige Anschauungskraft der kleinen Anna und ihr geradezu selbstverständlicher Umgang mit den göttlichen Personen, die so unmittelbar mit ihrem Leben verbunden waren. Sie hat ihn ihr ganzes Leben hindurch bewahrt.

Die heranwachsende Anna wurde vom Vater selbstverständlich am Webstuhl angelernt, doch die Erfüllung ihres Lebens vermochte sie in dieser Tätigkeit nicht zu sehen. Vielmehr hatte sie schon früh den Wunsch, Schwester im Kaufbeurer Franziskanerinnenkloster zu werden. Der Vater sah dafür keine Möglichkeit, weil er nicht in der Lage war, die verlangte Mitgift aufzubringen. Denkbar ist allerdings auch, daß er ohnehin mit dem damaligen Zustand des Klosters unter der Oberin Theresia Schmid nicht ganz einverstanden war. Anna aber hatte vermeint, bei einem Besuch im Kloster während des Gebets vor einem Kreuz eine Stimme zu hören, die ihr versicherte: *Hier wird deine Wohnung sein!*

Immerhin versuchte Mathias Höß alles, was in seinen Kräften stand, um Anna den Klostereintritt zu ermöglichen. In Kaufbeuren gab es die sogenannte *Schorersche Stiftung,* die zurückging auf den Magister Albert Schorer, der trotz erheblicher Schwierigkeiten in den Wirren der Reformation 23 Jahre lang, von 1554 bis 1577, Stadtpfarrer von St. Martin gewesen war, und als *katholischer treuer Pfarrer* sowie als *würdiger gelehrter man* gerühmt wurde. Wenige Tage vor seinem Tod machte er mit dem von ihm geerbten und ersparten Vermögen eine Stiftung von 700 Gulden, die er dem Rat zur Verwaltung übereignete. Jeweils sechs Jahre lang sollte von den Zinsen dieses Kapitals eine arme, ehrliche Bürgerstochter für die Heirat oder gegebenenfalls für ein Kloster ausgestattet werden, dann sechs Jahre lang ein bedürftiger Student ein Stipendium erhalten. Die jährlichen Zinsen betrugen etwa 35 Gulden; sie konnten immerhin durch die Jahrhunderte bis zur Inflation nach dem Ersten Weltkrieg ausbezahlt werden.

Am 10. Oktober 1698 stellte Mathias Höß beim Rat den Antrag auf Gewährung der Schorerschen Stiftung an seine Tochter Anna, die *gesinnet, in das Closter zu gehen.* Er könne sie jedoch nicht ausstatten, weil ihn die Mitgift für den Klostereintritt seiner ersten Tochter bereits 100 Reichstaler gekostet habe. Der Rat vertröstete ihn und gab wenigstens einen günstig lautenden Bescheid: Zunächst müsse in den Stiftungsbriefen nachgesehen werden, welche Gruppe zur Zeit das Stipendium bekomme. Wenn er dann seinen Antrag zu gegebener Zeit wiederhole, werde er vor allen anderen berücksichtigt werden.

Am 3. Mai 1704 erneuerte Mathias Höß seinen Antrag. Er verwies darauf, daß man ihm am 10. Oktober 1698 die Zusage gemacht habe, daß seine Tochter nach sechs Jahren das Geld bekommen werde. Sie habe nun das Probejahr im Kloster *überstanden* und wolle jetzt ihre Profeß ablegen, deshalb benötige man dringend das Geld. Zugleich verwies er auf sein Augenleiden, das ihn bei der Arbeit behindere, sowie auf seine Armut, die es ihm nach wie vor unmöglich mache, die Klostermitgift für Anna selbst aufzubringen.

Der Rat teilte ihm mit, daß man in den Protokollen von 1698 nachsehen werde; wenn es sich so verhalte, wie er sage, dann werde er das Geld bekommen. Tatsächlich ließ man ihn am 6. Juni wissen, daß er um Martini, wenn die Zinsen frei würden, 35 Gulden erhalten werde.

Das Franziskanerinnenkloster in Kaufbeuren

Die Entstehung des Kaufbeurer Franziskanerinnenklosters ist eng mit der Gründung der Stadt verbunden. Frühe, allerdings sagenhafte Überlieferungen berichten davon, daß die Stifterin eine Tochter vom letzten Herrn des (Maier-)Hofes gewesen sei, den die Franken um die Mitte des 8. Jahrhunderts angelegt hatten. Auf die fränkische Neuordnung des Gebiets in der damaligen Zeit verweisen die vielen Ortsnamen dieser Gegend, die mit Franken und Sachsen in Verbindung stehen, sowie die zahlreichen Kirchen, die dem hl. Martin geweiht sind.

Als die Staufer zu Beginn des 13. Jahrhunderts hier eine Stadt gründeten, verlor der Maierhof seine Bedeutung als Verwaltungsmittelpunkt und konnte frommen Frauen überlassen werden, die zunächst ein beginenartiges Leben in Zurückgezogenheit und im Dienst der Nächstenliebe führten. Im Zusammenhang mit der Auseinandersetzung um ein Grundstück wurde die Gemeinschaft am 10. Mai 1261 erstmals urkundlich erwähnt. Bald sah die kirchliche Obrigkeit die Notwendigkeit, für solche freien, außerhalb einer kirchlichen Organisation stehenden Schwesterngemeinschaften eine straffere Ordnung zu erlassen, und im Jahre 1312 verbot das Konzil von Vienne die Lebensweise der Beginen. Der Augsburger Bischof Friedrich I. Spät von Faimingen gab 1315 den Schwestern von Maria Stern in Augsburg die Regeln für ein klösterliches Leben in der Nachfolge des hl. Franziskus. Vermutlich zur gleichen Zeit übernahmen auch die Beginen in Kaufbeuren die Regel des Dritten Ordens des hl. Franziskus und nannte sich *Schwestern des regulierten Dritten Ordens des hl. Franziskus vom Maierhof Kaufbeuren*.

Bei dem Stadtbrand am 29. Juli 1325, bei dem bis auf sieben Häuser die ganze Stadt zerstört wurde, *verpran auch diese stift-*

Der **hl. Franziskus** von Assisi (1182–1226) gründete neben den Orden der **Franziskaner** u. d. **Klarissen** auch eine Vereinigung von Weltleuten als **III. Orden**. Nach der Aufnahme der Mitglieder folgte ein Probejahr und anschließend die Profeß (Ablegung der Gelübde).

tung deß Gottshauß. Eine fromme Gönnerin, Gertraud Edel-stetterin, ließ den Klosterfrauen ein kleines Haus bauen, da-mit sie wenigstens eine vorläufige Unterkunft hatten. Erst 1335 konnten die Schwestern auf dem ursprünglichen Gelände wie-der einen Klosterbau errichten, der freilich aus Mangel an Geld von Anfang an zu klein geplant und nicht solide genug gebaut wurde. Er diente eigentlich nur als Notbehelf, doch vergingen über 100 Jahre, in denen zahlreiche *schwestern darin gestor-ben seint und gedultiglichen gewonet haben,* bis das Gebäude schließlich *ganz paufellig* wurde, so daß dringend Abhilfe ge-schaffen werden mußte. *Da haben die Schwestern, als man zelt* (gezählt) *hat 1470, sich bedächt und leib und guet nit ge-spart* (...) *und haben daß alte gottshauß ganz lassen nider wer-fen und alle gemechlein abprächen lassen und von grund new gepauen und geweitert alß vil sy statt haben mochten mit der neuen Capel, dormitori* (Schlafraum) *usw. damit ir nachkho-men Gott dester fleißiglicher und riebiglicher* (bereitwilliger, ruhiger) *dieneten.*

Die Leitung des Klosters hatte damals eine Kaufbeurer Bür-gerstochter, die *andechtig und wohlbeschaiden Anna Scheri-chin,* die von 1452 bis 1481 14 namentlich genannten Schwe-stern vorstand, welche *alle und jegliche besonder häten groß arbeit und miehe mit dem bemelten pau auch mit abprechung sorg und sparung biß daß sy doch mit der hilf Gottes alle ding vollbrachten.* Offensichtlich haben die Schwestern nicht nur äußerst sparsam gelebt, um jeden Kreuzer für den Neubau bei-seitezulegen, sondern nach Möglichkeit auch Handlanger-dienste geleistet.

Im Herbst 1472 war der Neubau fertig. Um 1500 konnte der Konventbau noch vergrößert werden, so daß sich die Zahl der Schwesternplätze von etwa 14 auf knapp 20 erweitern ließ. Zur Ausstattung der neuen Räume erwarb das Kloster auch einen Kreuzweg mit neun Stationen, den vermutlich der *Mei-ster des Riedener Altars* zwischen 1470 und 1480 malte. (Die Tafeln wurden nach der Säkularisation des Klosters verkauft. Sie kamen 1889 schließlich in den Besitz des Georgianums in München.) Aus dieser Zeit blieben dem Kloster wenigstens noch eine Anna Selbdritt, eine schöne Kreuzigungsdarstellung und ein Palmesel.

Gegen Ende des Jahrhunderts gab es wiederum eine religiöse Neuordnung. Frater Johannes Alphart, Provinzial und Visitator der Oberdeutschen Provinz des dritten Ordens, verordnete dem Kloster 1487 Statuten, *da mit die ungewarnot unwisenhait nit sy* (keine ungeordnete Unwissenheit herrsche). Darin legte er die Stellung der Meisterin (Oberin) und die Pflichten der Schwestern sowie die Grundsätze für das geistliche Leben fest. Die Position der Meisterin wurde gestärkt; neben der geistlichen Leitung des Klosters war sie jetzt auch für die wirtschaftliche Verwaltung verantwortlich.

Die Schwestern sollten eifrig zum Gottesdienst gehen und mußten an den gebotenen Feiertagen an Amt und Predigt in St. Martin teilnehmen. Von sieben Uhr abends bis sechs Uhr morgens durfte nur Arbeit verrichtet werden, die sich nicht aufschieben ließ.

Die Schwestern standen um vier Uhr früh auf und beteten bis sechs Uhr Mette, Prim und Terz. Nach der Messe folgten Sext und Non, gegen Abend Vesper und Complet. Sämtliche Mitglieder des Konvents, *die obern wie die untern,* sollten sich durch Gebet und Betrachtung auf den würdigen Empfang der Kommunion vorbereiten und diese am Christ- und Dreikönigstag, an Lichtmeß, am ersten und vierten Fastensonntag, an Gründonnerstag, Ostern, Christi Himmelfahrt, Pfingsten, Maria Heimsuchung, Maria Himmelfahrt, Maria Geburt, am Fest Maria Magdalena, am Franziskustag, an Allerheiligen und am ersten Adventssonntag empfangen.

Von abends sieben Uhr bis morgens um sechs, bei den Mahlzeiten, im Schlafhaus und im Chor war Stillschweigen vorgeschrieben. Spätestens um acht Uhr abends mußten die Schwestern im Bett sein.

Das Kloster sollte den Frauen durch die Abgeschiedenheit von der Welt die Möglichkeit zum ungehinderten Gebet, zum Gottesdienst und zur Vermehrung der eigenen Vollkommenheit bieten. Es gab keine strenge Klausur, die Schwestern durften mit Erlaubnis der Oberin das Kloster verlassen. Besonders dankbar waren die Kaufbeurer Bürger den Klosterfrauen für die ambulante Kranken- und Armenpflege.

Unter dem Einfluß der beginnenden Reformation änderte sich auch das Verhältnis zwischen dem Kloster und der Stadt. Auf Antrag der Weberzunft durften die Schwestern nur noch für den eigenen Bedarf weben, damit sie den Handwerkern keine Konkurrenz machten. Ferner mußte das Kloster seit 1526 für Schutz in allen weltlichen Rechtsangelegenheiten und die Inanspruchnahme der städtischen Dienstleistungen eine jährliche Steuerpauschale von 20 Gulden bezahlen, die in Notzeiten wie bei anderen Bürgern verdoppelt werden konnte. Außerdem hatte das Kloster dem Rat alle zehn Jahre die Rechnung über Einnahmen und Ausgaben vorzulegen. Bei finanziellen Schwierigkeiten des Klosters konnte der Rat die Rechnungslegung auch in kürzeren Abständen anordnen.

Offensichtlich hatte die Stadt dem Kloster in früheren Zeiten wiederholt befohlen, unversorgte Frauen, die nicht in der Lage waren, für sich den Lebensunterhalt zu erwerben, in den Konvent aufzunehmen. Diese waren allerdings meist auch für eine Klostergemeinschaft ungünstig und eine Belastung für das geistliche Leben. 1526 verpflichtete sich die Stadt, dem Kloster keine Mitglieder mehr zuzuweisen, die ungeeignet oder krank waren. Das Kloster seinerseits versprach, keine Schwester aufzunehmen, die *wider einen ehrsamen Rath und gemeine Stadt sein möchte.*

Im Jahre 1545 verbot der überwiegend evangelische Rat dem Konvent die Feier der Messe und die Aufnahme von Novizinnen. Der Klosterkaplan mußte wegziehen, da ihm seine Pfründe von der Stadt entzogen wurde. Versuche, die Schwestern zur Annahme der evangelischen Lehre sowie zum Austritt aus dem Kloster und zur Heirat zu überreden, scheiterten. Zwang wurde jedoch nicht ausgeübt, vielmehr verhielten sich die Abgesandten der evangelischen Ratsmehrheit *freundtlich und tugentlich.* Immerhin handelte es sich bei den Schwestern in der Mehrheit um Töchter von Kaufbeurer Bürgern. Die Oberin erklärte, *sie und alle Schwestern gemainiglich haben unß also mit einander verbunden, daß uns mit der Hilf Gottes Niemand soll von einander scheiden, denn durch den Tod.*

Der Bitte des Rates, die Oberin möge den Besuch der Predigt (*daß war die luthrische*) in St. Martin erlauben, kam diese nach, doch wollte keine der Schwestern hingehen. Vertreter der beiden Konfessionen trafen sich zu Gesprächen wiederholt im Kloster, weil sie sich hier gewissermaßen auf neutralem Boden fühlten und keine Partei der anderen größere Rechte einräumen mußte.

Im Zusammenhang mit dem Augsburger Interim wurden im Februar 1549 alle Beschränkungen aufgehoben. Der Kaufbeurer Konvent galt wegen seiner Kirchentreue und der gewissenhaften Befolgung der klösterlichen Ordnung als besonders vorbildlich. 1573 schickte z. B. das Augsburger Kloster Maria Stern Schwestern nach Kaufbeuren, damit sie dort die sorgfältige Beobachtung der Regeln erlernten.

Augsburger Interim: Reichsgesetz, durch das Karl V. 1548 den Religionsfrieden zu erhalten hoffte. Es bestätigte die katholische Lehre, gestand aber den Protestanten verschiedene Rechte zu. Weder Katholiken noch Protestanten waren mit diesem Interim (= vorläufige Regelung) einverstanden.

Die Schwestern lebten von ihrer kleinen Landwirtschaft, von Paramentenstickerei, von der Pflege der Kirchenwäsche für die benachbarten Pfarreien und von der Hostienbäckerei. Mit letzterer gab es 1664 Schwierigkeiten. Schon seit langer Zeit hatten die Schwestern die Hostien gebacken und nichts dafür verlangt. Von den umliegenden Orten mußten nur die Hostienpfannen und die Ausstoßeisen bezahlt werden. Seit 1650 stieg der Verbrauch der Hostien kräftig an. Ursache waren die *an vielen Orten aufgerichteten Brüderschaften, und weil man mit den Hostien nicht sparsam umging, indem man sagte, die Klosterfrauen müßten Alles liefern.* Anstelle von rund einem Metzen Mehl waren jetzt acht bis neun Metzen nötig, außerdem brauchte man natürlich auch erheblich mehr Holz. Die Schwestern berieten sich mit dem Provinzial und verlangten dann auf dessen Anweisung bei den großen Hostien zwölf Kreuzer für 100 Stück, bei den kleinen vier Kreuzer. Die Pfarrer waren darüber verärgert und beklagten sich sogar beim Ordinariat in Augsburg. Um des guten Einvernehmens willen halbierte das Kloster 1669 die genannten Beträge. Die Hostien für St. Martin, das Jesuitenkolleg und das Kloster Irsee wurden weiterhin umsonst geliefert, denn, hieß es, *man ist uns auch gutthätig, haben auch unser Begräbniß in der Pfarrkirche.*

Der Dreißigjährige Krieg brachte mit den Schwedeneinfällen in den Jahren 1632 bis 1634 erhebliche Gefahren für das Kloster. Die Bürger und selbst evangelische Prediger baten die schwedischen Offiziere um Schonung für das Kloster. Dies geschah nicht immer nur uneigennützig, denn die Klosterräume wurden auch für evangelische Frauen zum begehrten Asyl, und mancher Bürger ließ seine Wertsachen im Kloster aufbewahren.

Nach 1648 kam es nur langsam zur wirtschaftlichen Konsolidierung des Klosters. Die Meisterin M. Sophia Neth, eine Tochter des Kaufbeurer Ratsherrn und Klosterpflegers Johann Neth, die dem Konvent von 1658 bis 1686 vorstand, ließ die Klosterkirche durch schmale Seitenschiffe erweitern. Mathias Schmuzer d. J. schuf den Quadraturstuck (perspektivische Stuckornamente) am nördlichen Gewölbe mit Jesusmonogramm, Engelsköpfchen und dem Wappen des Irseer Abtes Maurus Keuslin (1627–1664). Die Ausgestaltung des Erweiterungsbaues ist auch ein Zeichen für die enge Verbindung zwischen den Kaufbeurer Franziskanerinnen und den Benediktinern in Irsee, die Crescentia noch intensivierte. Vermutlich war der Abt nicht nur als Berater tätig, sondern beteiligte sich auch an den Kosten. Die Klosterkirche hatte durch die Erweiterung erheblich gewonnen, und die Meisterin wurde gerühmt als *sehr sorgfältige und das Kloster zu verbessern emsige würdige Mutter.*

An Nachwuchs für das Kloster bestand damals kein Mangel. Vielmehr gab es meist viel mehr junge Frauen, die ins Kloster eintreten wollten, als aus Platzgründen aufgenommen werden konnten. Das Kloster bot einen erheblichen sozialen Aufstieg und gesellschaftliche Achtung, verbunden mit zahlreichen Bildungsmöglichkeiten, dazu vor allem natürlich die Voraussetzungen zu einem ausgeprägt religiösen Leben in der Nachfolge Christi. Nicht wenige Eltern schätzten das Kloster durchaus auch als gesellschaftlich angesehene und günstige Versorgung für unverheiratete Töchter.

Da die Zahl der vorhandenen Plätze feststand – es gab lange Zeit nur siebzehn – war eine Neuaufnahme erst nach dem Tod einer Schwester möglich. Die Klosteroberen konnten unter den eintrittswilligen Kandidatinnen wählen, und sie achteten verständlicherweise nicht nur auf die charakterliche Eignung, sondern auch auf die jeweiligen körperlichen und geistigen Fähigkeiten sowie auf die finanziellen Verhältnisse.

Wer aufgenommen wurde, hatte zunächst eine Probezeit abzuleisten, das sogenannte Noviziatsjahr, in dem die zukünftige Klosterfrau im Hinblick auf ihre Bereitschaft, ihre Belastbarkeit und ihre Eignung geprüft wurde. Auch im Kaufbeurer Kloster wurden die Novizinnen verhältnismäßig streng behandelt. Nach Ablauf des Noviziatsjahres stimmte der gesamte Konvent über Aufnahme oder Abweisung einer Kandidatin ab; dabei entschied die einfache Stimmenmehrheit.

Da die Franziskanerinnen geringe Verdienstmöglichkeiten hatten, waren sie auf die Mitgift angewiesen, die Novizinnen ähnlich wie die Braut bei einer Hochzeit ins Kloster mitbrachten. Dabei ist verständlich, daß eine Oberin bei der Wahl zwischen gleichwertigen Kandidatinnen nicht abgeneigt war, die wohlhabendere auszuwählen. Eine vermögenslose Kandidatin aufzunehmen, war zumindest wirtschaftlich unklug, wenn nicht gar unverantwortlich gegenüber dem Konvent. Dies erklärt, weshalb Mathias Höß zunächst gar nicht an die Möglichkeit dachte, daß seine Tochter Anna ohne entsprechende Mitgift in das Kloster aufgenommen werden könnte. Allerdings bemühte er sich darum, wie schon erwähnt, für die Mitgift städtische Zuschüsse zu bekommen.

Welche günstigen finanziellen Möglichkeiten sich für das Kloster ergeben konnten, zeigt die Vereinbarung, die der Geheime Rat Johann Baptist Neth und seine Frau, Maria Barbara Neth, am 5. Dezember 1729 mit der Oberin des Franziskanerinnenklosters, M. Johanna Altwöger, schlossen. Der Vertrag sicherte zunächst der 1710 geborenen Maria Barbara den Klostereintritt zu, sobald wieder ein Platz frei wurde.

Die Eltern versprachen, daß ihre Tochter beim Klostereintritt 400 Gulden oder ein Grundstück mit dem gleichen Wert außerhalb der Stadtmauern bekommen werde (innerhalb durfte das Kloster weder Immobilien noch Grundstücke erwerben). Sollten die Eltern vor dem Klostereintritt sterben, so werde die Tochter gleich viel erben wie die anderen Kinder.

Außerdem verpflichteten sich die Eltern, bei der Aufnahme ins Noviziat und bei der Ablegung der Profeß jeweils 50 Gulden zu bezahlen und zusätzlich die Profeß-Kleidung, man bezeichnete sie als *Hoch Zeit Klayd,* im Wert von 30 Gulden zur Verfügung zu stellen.

Weiterhin sagten die Eltern zu, daß sie die Tochter mit einer Aussteuer an Kleidung und Geräten nach Angaben des Klosters versehen würden. Es dauerte allerdings noch vier Jahre, bevor ein Platz frei wurde und Maria Barbara Neth das Noviziat beginnen konnte.

Zu der Zeit, in der Anna Höß um Aufnahme ins Kloster bat, war M. Theresia Schmid Meisterin, wie die Bezeichnung der Oberin damals noch lautete. Sie wurde 1670 als Tochter des kurfürstlichen Leibarztes in München geboren und trat 1687 als Novizin in Kaufbeuren ein. 1698 wählte der Konvent sie zur Meisterin, vielleicht auch, weil die Schwestern durch sie günstige Beziehungen zum Münchner Hof erwarteten, die sich freilich nicht ergaben. Theresia Schmid war damals erst 28 Jahre alt und erwies sich bald als völlig ungeeignet zur Führung des Klosters in religiösen, organisatorischen und ebenso auch in wirtschaftlichen Belangen. 1707 wurde sie abgesetzt, vermutlich wegen Mißwirtschaft. In der Klosterkasse befand sich damals noch ein halber Gulden.

Anna Höß wird Novizin
im Franziskanerinnenkloster

Anna Höß hatte sich Anfang des 18. Jahrhunderts vergeblich darum bemüht, ins Kloster aufgenommen zu werden. Hilfe kam plötzlich von unerwarteter Seite, nämlich ausgerechnet vom evangelischen Bürgermeister der Stadt, Andreas Wöhrlin von Wöhrburg. Er war auf Anna aufmerksam geworden, weil sie regelmäßig in der Pfarrkirche St. Martin sang, z. B. in der Adventszeit und an Weihnachten bei Krippenspielen. Ihre Stimme gefiel dem Bürgermeister so gut, daß er für sich und seine Frau Stühle ins Oratorium der Kirche stellen ließ, wo er ungestört und ungesehen den Gesang hören konnte. Überdies schätzte er auch Charakter und Persönlichkeit Annas so sehr, daß er bereit war, sich für sie einzusetzen. Dr. Joseph Anton Freiherr von Grenzing, von 1735 bis 1758 Stadtpfarrer von St. Martin, erklärte am 21. September 1752, er wisse, daß der Bürgermeister die *Eingezogenheit und reinste Aufführung des Mägdleins Crescentia* (Anna) *Hößin* bewundert und zugleich bemerkt habe: *Es ist schad, daß dise Englische* (engelgleiche) *Jungfrau in der Welt bleibe.*
Der Bürgermeister war dem Kloster überhaupt wohlgesonnen und hatte ihm 1699 ermöglicht, die benachbarte Gastwirtschaft *Zur Blauen Ente* zu erwerben, deren Lärm die Schwestern sehr gestört hatte. Dieser Kauf widersprach zwar der Bestimmung, daß das Kloster innerhalb der Stadtmauern keine Immobilien erwerben durfte. Jedoch hatten die Schwestern damals der Stadt ein Darlehen von 300 Gulden gewährt, so daß der Rat durchaus geneigt war, dem Vorschlag des Bürgermeisters zu folgen und für das Kloster in diesem Fall eine Ausnahme zu machen. Im Hinblick auf sein damaliges Entgegenkommen verlangte der Bürgermeister nun von der Oberin und dem Provinzial, daß Anna Höß auch ohne die verlangte Mitgift ins Kloster aufgenommen werde.
Im Juni 1703 betrat Anna nach altem Herkommen den Konventbau des Klosters durch die Schutzengeltüre und wurde als

Novizin mit dem Namen Crescentia, das heißt „die Wachsende", in das Noviziat aufgenommen und eingekleidet. Sie erhielt das Wäschezeichen *W,* das sich auf der Bett- und Leibwäsche ebenso findet wie auf Strümpfen, Handschuhen und Gegenständen des persönlichen Gebrauchs wie Besteck, Zinnteller und Zinnkrüglein.

Für Crescentia war dies die Erfüllung ihres Wunsches und die wichtigste Entscheidung in ihrem Leben. Die Oberin M. Theresia jedoch empfand die Aufnahme als Demütigung und als persönliche Niederlage. Sie war davon überzeugt, daß Crescentia sich lediglich eine gute Versorgung und den sozialen Aufstieg von der armen Weberstochter zur angesehenen Klosterfrau als Ziel gesetzt hatte. Sie konnte wohl nicht begreifen, daß jemand die Erfüllung seines Lebens im Klostereintritt zu sehen vermochte. In Crescentias Frömmigkeit und Bescheidenheit sah sie Heuchelei, die es durch entsprechende Härte zu entlarven galt. Das geduldige Hinnehmen aller Schikanen erschien ihr als Eigensinn, und Crescentias beständige Freundlichkeit hielt sie für Wichtigtuerei. Sie war davon überzeugt, daß sie die neue Novizin durch entsprechende Behandlung schneller wieder aus dem Kloster hinausbringen konnte, als sie hereingekommen war. Um Crescentia deutlich zu machen, daß ein Leben als Klosterfrau alles andere als angenehm war, übertrug sie ihr nach Möglichkeit unangenehme und anstrengende Aufgaben in Haus und Küche, obwohl Crescentia nicht kräftig war. Das Kloster hatte für schwere körperliche Arbeiten wie Brotbacken kräftige Mägde angestellt. Auf Anweisung der Oberin mußte jetzt Crescentia vor den anderen Schwestern aufstehen und den Teig kneten, während die dafür zuständigen Mägde länger schlafen durften. Crescentia erhielt außerdem wenig zu essen und hatte sich mit den zusammengeschütteten Bierresten aus den Gläsern der anderen Schwestern als Getränk zu bescheiden.

Schlimmer als derartige Anstrengungen war für Crescentia die spürbare Ungerechtigkeit in der Behandlung durch die Oberin. Wenn z. B. Gäste im Refektorium waren, mußte sie diese *in einem närrischen und verächtlichen Kleide* durch Narrenpossen oder szenische Darbietungen unterhalten, etwa durch ein Streitgespräch zwischen Marktfrauen, die gegenseitig ihre Ware herabsetzten und ihr Gezänk mit einem derben Götzgruß beendeten. Ein andermal befahl sie ihr, sich *mit Singen und Predigen so einfältig und närrisch zu benehmen, als ob sie tatsächlich den Verstand verloren hätte.* Nach derartigen Darbietungen tadelte die Oberin sie wegen unklösterlichen Benehmens, bestrafte sie *hart* und befahl ihr doch bei nächster Gelegenheit, wieder ähnliche Szenen vorzuspielen.

Mitschwestern rieten Crescentia, sich gegen eine derartige Behandlung zu wehren. Crescentia aber war schon damals davon überzeugt, daß es nicht auf ihre Gefühle, ihren Kummer oder ihr Ansehen ankomme, sondern allein auf den Gehorsam: *Im Gehorsam finde ich Gott, was soll ich denn noch wünschen und begehren, wenn ich Gott habe?*

Weil sie in den Befehlen der Oberin Gottes Absicht sah, ihren Gehorsam zu prüfen, empfand sie deren Anweisungen zum Erstaunen der Mitschwestern geradezu als Bevorzugung durch Gott, und eine Schwester berichtete: *Alle diese harten brogen stund Crescentia auß mit großer freudt und fröhlichkeit, dankte ihrer Oberin tausendmal und liebte sie deshalb recht inniglich.*

Ähnlich dachte Crescentia auch, als sie vier Jahre später, 1707, wegen der Aufnahme einer Novizin ihre Zelle abzutreten hatte, weil sie die Jüngste im Konvent war. Fast drei Jahre hindurch mußte sie jeden Abend bei den Schwestern anfragen, wer bereit war, sie mit ihrem Strohsack um Gottes willen in die Zelle aufzunehmen. Sie beklagte sich nicht darüber, sondern war dankbar für die Möglichkeit, die Herbergssuche von Joseph und Maria in Bethlehem oder die Flucht nach Ägypten nachzuempfinden.

Der Oberin, die zunächst in Crescentia eine gefährliche, nicht leicht zu durchschauende *Gleisnerin* gesehen hatte, wurde diese junge Schwester geradezu unheimlich. Sie konnte deren Verhalten nicht begreifen.

Natürlich gab es auch im Kloster Schwestern, die Crescentia als eher störend empfanden, weil ihr Leben als andauernde, unbequeme Mahnung aufgefaßt werden konnte. Als jedoch der Konvent gegen Ende des Noviziatsjahres abstimmte, ob Crescentia würdig sei, ihre Gelübde in feierlicher Profeß abzulegen, stimmten die meisten Schwestern dafür. Am 30. Mai 1704 wußte Crescentias Vater bereits von dem positiven Ergebnis für seine Tochter und richtete das oben (S. 15 f.) erwähnte Gesuch an den Rat.

Am 18. Juni 1704 legte Crescentia in die Hände des Provinzials, Pater Roderich Schnabl, die Gelübde der Armut, der Ehelosigkeit und des Gehorsams ab. Für sie war das ein Augenblick der Erfüllung ihrer großen Sehnsucht. Sie fühlte sich wie von Engeln vor den Thron Gottes geleitet, wo Christus selbst sie erwartete und ihr den Schwesternring ansteckte, während die *himmlischen Musicanten auf das lieblichste spielten.*

Diese Vision im Augenblick höchster Erregung und Glückseligkeit ist wieder ein Beispiel für Crescentias Fähigkeit, sich so konzentriert und ausschließlich einer Sache hinzugeben, daß alles andere zurückwich und nichts ihre Gefühle und Eindrücke störte. Es war diese Konzentrationsfähigkeit, die es ihr ermöglichte, sich stets ganz und gar auf die jeweilige Aufgabe einzustellen. Nur dadurch war es ihr möglich, in ihrem Leben eine derartige Fülle von Pflichten zu bewältigen, ohne daß ihr Leben als Klosterfrau darunter litt.

Die Prüfungen für Crescentia hörten auch nach Ablegung der Profeß nicht auf. Waren es jedoch vorher die Schikanen der Oberin gewesen, so folgten nun weit schlimmere Prüfungen, die sie bedrängten und ihr erheblichen Kummer bereiteten. Immer wieder war sie in Sorge, sie sei für ein Leben im Kloster, das ihr solche Freude und Befriedigung schenkte, ungeeignet und unwürdig. Wiederholt hörte sie Stimmen, die ihr einredeten, daß ihr ganzes Bemühen umsonst sei: *Du wirst verdammt, du magst tun, was du willst, es ist alles umsonst. Du bist in den Augen Gottes ein Greuel, dein Gebet, deine guten Werke beleidigen Gott nur noch mehr.* Crescentia berichtete später ihren Novizinnen, sie habe dann gesagt: *Ich liebe meinen Gott dennoch aus ganzem Herzen, ja, wenn ich tausend und abertausend solcher Herzen hätte, so wollte ich mit ihnen allen Gott allein über alles lieben; und wenn es sein heiliger Wille ist, mich ewig zu verstoßen, so will ich ihn eben lieben solange ich lebe, und in Ewigkeit will ich seine Gerechtigkeit loben.*

Mit derartigen Schwierigkeiten und Anfechtungen wuchs jedoch zugleich auch ihr Vertrauen zu Gott. *Je heftiger und schwerer die Unglückswellen sich auf sie stürzten,* berichtete die Oberin Johanna Altwöger, *umso stärker hielt sie sich an Gott.*

Wenn sie sich völlig verlassen fühlte, betete sie: *Du, mein Gott, wie finde ich Dich immer treu, Du kennst meine Dürftigkeit, Du bist bereit, mir zu helfen, denn ich bin Dein Geschöpf und das Werk Deiner Hände.*

Sie wurde von der Vorstellung geplagt, daß sich gottgefälliges Leben weit besser in den Nöten des Alltags verwirklichen lasse als in der Stille und Geborgenheit hinter Klostermauern. Außerdem bekümmerte sie der Gedanke an ihren kranken Vater, der trotz allen Fleißes mit seiner Hände Arbeit kaum das nötige Geld verdienen konnte; sie überlegte, ob er nicht eigentlich ihre Hilfe dringend benötigte, und machte sich Vorwürfe.

Zunehmend empfand sie auch physische Gewalt, der sie nicht gewachsen war. Sie sah Scharen von Tieren, vor denen ihr ekelte, Spinnen, Kröten, Schlangen und Mäuse, auf ihr Bett kriechen und fühlte sich ihnen ohnmächtig ausgeliefert.

Teuflische Erscheinungen quälten und mißhandelten sie. Bisweilen wurde ihr Kopf während des Gebets krampfhaft zu Boden geschlagen, oder sie fiel während der Arbeit plötzlich hin. Eimer und Gefäße entglitten ihren Händen. Mitschwestern verlachten sie wegen ihrer vermeintlichen Ungeschicklichkeit und Unbeholfenheit, andere berichteten eigenartige und unheimliche Ereignisse, die sie beobachtet haben wollten, wie etwa die Episode in der Klosterküche, als Crescentia zu sehen meinte, wie der Teufel einer Mitschwester eine Speise wegnehmen wollte. Daraufhin erhob sie *ohnerschrokhen und aus göttlicher gnad und antrib gestörkht (...) eillendt den kochllöffl und schlagte mit selben den bösen feindt aus allen ihren kräfften auf seinen rießl, über welches der hoffärtige geist grausamb*

zue heillen und zue brillen angefangen und also beschämbt sich in die flucht begeben.
Was heute eher als spaßhafte Beschreibung einer eigenartigen Episode anmutet, war zu Beginn des 18. Jahrhunderts, wo derartige Ereignisse ganz wörtlich genommen wurden, gefährlicher Ernst. Bald gab es im Kloster Gerüchte und Verleumdungen, Crescentia könne mit dem Teufel in Verbindung stehen. Mitschwestern bekreuzigten sich, wenn sie ihr begegneten, sie wurde als *Zauberin oder Hexe, als Betrügerin und wahnwitzige Närrin verrufen* und *deshalb von ihrer Oberin* (Theresia Schmid) *scharf examiniert.* Die spätere Oberin Johanna Altwöger erinnerte sich an das beschämende Verhalten einiger Schwestern: (Sie haben ihr) *verächtliche Namen gegeben, haben vor ihr höhnisch das Knie gebeugt, als vor einer Falschen* (Lügnerin), *einer Scheinheiligen und Gleisnerin, haben im Vorbeigehen vor ihr an die Brust geklopft und noch viele andere Verspottungen vor ihr ausgeübt.*
Der Hexenverdacht verbreitete sich auch außerhalb des Klosters, und eine mißgünstige Klosterfrau überbrachte Crescentia gerne die Anfrage eines Bauern an der Klosterpforte, der wissen wollte, ob es zutreffe, daß Crescentia bereits im Gefängnis sitze.
Schließlich kamen zwei Franziskanerpatres, die Crescentia mit dem Vorwurf konfrontierten, daß sie *eine hechs* sei. Die unangenehmen, indiskreten Befragungen führten allerdings dann bald zu der Einsicht, daß an dieser Klosterfrau nichts Böses sei. Crescentia erlitt einen Nervenzusammenbruch, den die Oberin Theresia Schmid mißgünstig als Versuch deutete, weiteren Befragungen zu entgehen. Nun fühlte sie sich in ihrer anfänglichen Abneigung gegen diese junge Schwester bestätigt. Sie und auch andere sahen in ihr eine Besessene, die natürlich keine geeignete Klosterfrau sein konnte.
Crescentia bemühte sich, mit diesen Schwierigkeiten dem Leiden Christi nachzufolgen. In solchen Situationen betete sie, wie sie ihren Novizen erzählte: *Gott, ich bin glücklich darüber, daß nichts in mir ist, worauf ich vertrauen, und daß meine Hoffnung nirgendwo bestehen kann, als in Dir, mein Gott, der*

Du allein meine Zuflucht und meine Grundmauer bist und bleibst in Ewigkeit. (...) Du, o Gott, bist meine einzige Hoffnung und die Erfüllung meines Verlangens. Aus Dir lebe ich, aus Dir kommt alles Gute, und deshalb bist Du der Mittelpunkt meines Heiles.

Allmählich aber schien die Leidenszeit für Crescentia zu Ende zu gehen. Die Amtszeit des Provinzials Pater Roderich Schnabl lief ab. Sein Nachfolger, Pater Thomas Baudrexl, wandte sich gegen die unsinnigen Hexenverdächtigungen und untersagte alle derartigen Befragungen. Auch der Kaufbeurer Stadtpfarrer, Dr. Thomas Damian Kuile, der damals Beichtvater für das Kloster war (die Jesuiten wurden erst 1719 zu Klosterbeichtvätern bestimmt), wandte sich entschieden gegen derartig widersinnige Beschuldigungen.

Schließlich wurde die Oberin Theresia 1707 vom Provinzial wegen Unfähigkeit abgesetzt. Schwester Theresia lebte dann noch 28 Jahre bis zu ihrem Tod im Jahre 1735 im Kloster. Nach der Überlieferung habe sich ihre Einstellung zu Crescentia bald geändert, und sie soll später auf dem Krankenbett von Crescentia liebevoll gepflegt worden sein.

Nachfolgerin wurde die 39jährige Johanna Altwöger. Sie wurde 1668 in Hurlach, einem kleinen Dorf nordwestlich von Landsberg, geboren und war 1686 in das Kaufbeurer Kloster eingetreten. Die neue Meisterin bewährte sich als umsichtige und tüchtige Verwalterin des Klosters, dessen wirtschaftliche Lage sie bald stabilisieren konnte. Wichtiger war jedoch, daß sie sich als kluge, fromme und fürsorgliche Oberin erwies. Sie erkannte die besonderen Fähigkeiten Crescentias, schätzte ihr außerordentliches Frömmigkeitsleben und suchte sie wie eine hilfreiche ältere Schwester zu unterstützen. So erlaubte sie ihr, zusammen mit der zwei Jahre älteren M. Anna Neth die schon lange gewünschte achtstündige Fußwallfahrt zur Wallfahrtskirche *Maria Hilf auf dem Lechfeld* zu machen. Die damals vielbesuchte Wallfahrt in Klosterlechfeld wurde von Franziskanern betreut. Die beiden Schwestern übernachteten in Hurlach im Elternhaus ihrer Oberin. Nach langem Gebet vor dem Gnadenbild kehrten sie nach Kaufbeuren zurück. Crescentia fühlte sich außerordentlich erleichtert, da sie von der Gottesmutter die Zusicherung erhalten hatte, daß von jetzt an die Nachstellungen durch die Dämonen aufhören werden. Der neue Provinzial, Pater Thomas Baudrexel, wollte sich wegen Crescentia nicht dem Vorwurf harmloser Gutgläubigkeit aussetzen. Er beauftragte deshalb die Oberin M. Johanna, Crescentia durch eigenartige, ja unsinnige Anweisungen zu prüfen. Denn schließlich hatte sich Luzifer im hochmütigen Ungehorsam gegen Gott aufgelehnt. Wenn Crescentia mit dem Bösen in Verbindung stand, dann würde sich dies am ehesten durch den Ungehorsam erweisen. Andererseits würde durch Gehorsam ihre Frömmigkeit bestätigt, denn die eigenartigen Befehle, die auch damals jeder als abstrus und dem gesunden Menschenverstand widersprechend ansah, mußten jeden vernünftig denkenden Menschen zum Widerspruch herausfordern.

Die Oberin erteilte sicher nur schweren Herzens Aufträge wie das Kehren des Hofes mit dem Besenstiel, das Rösten von Schneeballen, das Einpflanzen mit Blättern statt der Wurzel und das Wasserschöpfen mit einem Sieb. Nach dem Zeugnis der Oberin führte Crescentia alles ohne Widerrede aus: *Ich bin eben ein ungeschicktes und einfältiges Menschenkind und habe gemeint, der Schnee werde dürr, und es sei besser mit dem Stiel als mit dem Besen zu kehren. Ich bin eben so dumm, und es haben meine lieben Oberen und die Schwestern ihre große Not mit mir. Diese und ähnlich demütigen Worte sagte sie, damit nur niemand eine Tugend aus ihrem so vollkommenen (...) Gehorsam machen solle.*

Ausgerechnet der an sich widersinnige Befehl, Wasser in einem Sieb zu tragen, wurde zum Triumph für Crescentias Gehorsam. Zum ungläubigen Staunen der Mitschwestern, von denen einige das Spektakel mit einer gewissen Schadenfreude beobachtet hatten, brachte Crescentia Wasser im Sieb zur Oberin. Diese ließ den Vorgang wiederholen, weil sie ihren Augen nicht trauen wollte.

Der Ettaler Benediktiner Pater Hildebrand Dussler verwies bei diesem Wunder auf eine physikalische Erklärungsmöglichkeit:

Crescentia habe das Sieb, das bis heute in der Crescentia-Gedenkstätte des Klosters aufbewahrt wird, mit dem damals *üblichen Lederbezug*, mit einem dicht schließenden Lederdeckel also, zugedeckt, um das Wasser beim Tragen nicht durch Aufschaukeln zu verschütten. Durch das Aufquellen des Siebgeflechts sowie durch das Zusammenspiel der Gesetze des Luftdrucks, der Oberflächenspannung und der Adhäsion sei das Wassertragen im Sieb möglich geworden. Dussler meint zusammenfassend: *Gott kann auch mit dem Natürlichen seinen Gesetzen gemäß „Wunder" wirken und tut es oft genug.*

Diese Gehorsamsproben haben bis heute immer wieder Anlaß zu Irritationen gegeben und sind sogar Crescentia zum Vorwurf gemacht worden; sie hätte derartige Ansinnen als Zumutung doch rundweg ablehnen müssen. Ihre Kritiker übersehen dabei, daß sich Crescentia durchaus nicht willen- und gedankenlos duldend gefügt hat, sondern sich bei der Frage, wie sie handeln sollte, ganz bewußt für die Möglichkeit des Gehorsams entschieden hat.

Dieser Teil des Ordensgelübdes ist ihr sicherlich schwerer gefallen als die Zustimmung zu Armut und Ehelosigkeit, gerade weil sie die Schwächen ihrer Mitmenschen und ihrer Oberen so rasch und klar durchschaut hat. Aber sie war davon überzeugt und äußerte dies auch im Gespräch und in Briefen immer wieder, daß Vorgesetzte ihr nur das auftragen konnten, was dem Willen Gottes entsprach. Deshalb verzichtete sie aus Liebe zu Gott darauf, nachzugrübeln, was jeweils sinnvoll oder sinnlos sei, sondern bemühte sich, dem Willen Gottes zu entsprechen. In der Anordnung ihrer Oberin sah sie Gottes Befehl, so daß sie sagen konnte: *Ich weiß und halte es für völlig gewiß, daß in der Person meiner lieben Oberin Gott gegenwärtig ist, daß er sie jederzeit nach seinem heiligsten Willen leitet und mir durch ihren Mund befiehlt und gebietet. Wie glückselig bin ich dann, daß ich unwürdige Kreatur in allem den göttlichen Willen vollziehen kann.*

Von Kindheit an hatte sie die Übereinstimmung allen Handelns mit dem Willen Gottes, wie es dem jesuitischen Frömmigkeitsideal entsprach, zur Richtschnur ihres Lebens gemacht. Der menschliche Wille sollte dem göttlichen angeglichen werden und alles beseitigen, was in Worten oder Werken diesem Vorhaben im Wege stand.

Sie lebte in Gott als dem Mittelpunkt ihrer Liebe. Alle ihre Wünsche gingen zu Gott, alle ihre Leiden und Sorgen opferte sie Gott auf, und alle ihre Kräfte sollten Gott dienen.

Die Erfüllung der kleinen, oft lästigen Pflichten des Alltags war ihr stets ein wichtiges Anliegen. Hier gab es die Möglichkeit, im beschränkten Bereich des eigenen Lebens anzusetzen und sich darum zu bemühen, immer den Willen Gottes zu erfüllen. Auch die allergeringsten Dinge verrichtete sie mit einer guten Meinung aus Liebe zu Gott. Da sie bei ihrer Tätigkeit stets an Gott dachte, merkte sie oft gar nicht, daß eine Arbeit fertig war, ohne daß sie dessen gewahr wurde. *Die Freude der Seele,* pflegte sie zu sagen, *besteht einzig und allein darin, alles nach dem Willen unseres lieben himmlischen Vaters tun und leiden zu wollen und dies als das höchste Glück zu erkennen.* Ihren Novizinnen erklärte sie: *Wenn ich neue Welten erschaffen, Tote erwecken oder andere größte Werke verrichten könnte, um dadurch meinem eigenen Willen Genüge zu tun, so wollte ich tausendmal lieber ein Steinchen oder einen Strohhalm von der Erde aufheben, wenn ich damit den Willen Gottes vollziehen könnte.*

Von den Novizinnen wurde sie später öfter gefragt, wie sie es habe fertigbringen können, die eigenartigen Anweisungen ihrer Oberin zu befolgen. Sie erklärte ihnen, daß auch die Vorgesetzten selbstverständlich weder immer die nettesten, noch die klügsten Menschen seien, sondern durchaus auch ihre Schwächen hätten. Der Jesuitenpater Johann Baptist Pamer, seit 1743 Klosterbeichtvater, überlieferte dazu eine aufschlußreiche Äußerung Crescentias: *Mögen die Oberen wenig Klugheit besitzen, mögen sie ungesalzen* (langweilig) *und mit Roßmuggen* (Sommersprossen) *übersät* (also unansehnlich oder häßlich) *sein, der Weg, auf dem sie ihre Untergebenen führen, ist doch sicher und keiner Gefahr ausge-*

Ignatius v. Loyola gründete 1534 die Societas Jesu **(SJ)**, den **Jesuitenorden**, der 1540 bestätigt wurde. Neben den drei Gelübden der Armut, der Ehelosigkeit und des Gehorsams versprachen die Patres, in allem Gott und seinem *Statthalter auf Erden,* dem Papst, zu dienen. Crescentia suchte den Leitspruch des Ordens, *Alles zur größeren Ehre Gottes,* in ihrem Leben zu verwirklichen.

setzt. Man muß den Vorgesetzten folgen, weil sie den Willen Gottes weitergeben.

Wie schwer ihr, der gescheiten Frau, der Gehorsam überhaupt gelegentlich gefallen sein muß, beweist ihre Äußerung, daß sie oftmals *nicht allein ihren Willen, sondern auch ihre Vernunft demütigist* habe unterordnen müssen. Der Gehorsam blieb ihr stets ein außerordentlich wichtiges Anliegen. In ihm sah sie eine Grundlage für das richtige Klosterleben. Bei der Darstellung ihrer Tätigkeit als Novizenmeisterin wird ihre Meinung dazu detaillierter zum Ausdruck kommen.

II. Spiritualität und Politik

Pförtnerin

Bald hatten die Klosterfrauen und vor allem die Oberin sowie der Provinzial erkannt, daß Crescentia durch ihr sicheres Urteilsvermögen und ihre Klugheit besser als die meisten anderen Schwestern dazu geeignet war, wichtige Aufgaben im Kloster zu übernehmen. Crescentia hatte zunehmend Selbstvertrauen gewonnen und äußerte überzeugend ihre Meinung, wenn es Probleme gab. Es dauerte nicht lange, bis man auch in Fragen des klösterlichen Alltags jeweils ihren Rat erfragte und dankbar auf ihn hörte.

Zunächst war sie im Haus und in der Küche beschäftigt gewesen, wo sie sparsam, aber außerordentlich schmackhaft kochte, wie sie das von ihrer Mutter gelernt hatte. Lebensmittel, die Crescentia gebrauchte, Mehl und Schmalz z. B., sollen sich nach der Erzählung der Oberin *augenscheinlich vermehrt haben; sie hat die besten Speisen zubereitet, und dennoch schien nichts dazu gebraucht worden zu sein, zur höchsten Verwunderung und zum Erstaunen der Schwestern.*

Schon 1710 erhielt Crescentia dann das wichtige Amt der Klosterpförtnerin. Diese mußte den Kontakt zwischen Kloster und Welt herstellen und brauchte dazu Gespür für das richtige Verhalten. Zugleich prägte sie dadurch auch das Erscheinungsbild des Klosters nach außen. Crescentia erfüllte ihre Aufgabe bestens. Wer mit ihr sprach, war beeindruckt von ihrer herzlichen Zuwendung und der Klarheit ihrer Äußerungen. Sie verfügte über ein Charisma für den Umgang mit den Menschen, die gerne und immer häufiger mit allen Sorgen zu ihr kamen. Crescentia half in vielen Nöten, verschenkte mit Erlaubnis der Oberin auch ihr eigenes Essen, wenn sonst in der Küche nichts mehr vorhanden war, oder Kleidungsstücke wie ihre Schuhe.

Schon zu Lebzeiten gab es Geschichten und Legenden, die von ihrer großzügigen Milde berichteten, wobei die Überlieferung Crescentias Verhalten und Wirken gerne ins Wunderbare verklärte, wie etwa die Geschichte von dem Brotkorb, der nicht leer wurde, wenn Crescentia das Brot austeilte. Crescentia hatte zunehmend Gönner, die sich freuten, wenn sie ihr etwas geben konnten. Das Kloster war dadurch in der Lage, viel herzuschenken, und als Crescentia das Amt der Oberin übernahm, war es ihr eine besondere Freude, daß sie das Almosen vervielfachen konnte. Dabei machte sie sich nie Sorgen, woher die benötigten Lebensmittel oder das Geld kommen sollte. Sie betete und überließ dann voll Vertrauen alles Weitere Gott.

Weit wichtiger als das, was sie austeilen und verschenken konnte, waren sicherlich Crescentias menschliche Zuwendung, ihre guten, aufmunternden und tröstenden Worte, ihre freundliche Art. Dahinter war ihre Liebe zu spüren, mit der sie die Besucher an der Pforte ansprach. *Wer Gott recht lieben will,* sagte sie später den Novizinnen und den Mitschwestern, *muß notwendig seinen Nächsten auch lieben, da die eine Liebe ohne die andere nicht bestehen kann und alles Gute, das man dem Nächsten erweist, Gott erwiesen wird, der unter der Person des Nebenmenschen verborgen ist. Hingegen wird die Beleidigung, die man dem Nächsten zufügt, auch Gott selbst angetan.* In dieser Überzeugung liegt wohl auch die Erklärung für ihre Einstellung zu den Mitmenschen. Sie sah im Nächsten, vor allem wenn er arm und elend war, Gott selbst: *Es ist für mich nicht anders, als wenn nur Gott und ich allein auf der Welt wären, da ich im Nächsten Gott gegenwärtig glaube und ehre. Deshalb stelle ich mir gewöhnlich vor, ich redete und handelte mit Gott und nicht mit den Menschen.* Es verging kein Tag, an dem sie nicht ihrem Nächsten Gutes getan hätte.

Da sie auch andere davon überzeugen wollte, wie notwendig dies sei, verwies sie auf den ewigen Lohn im Himmel: *Auch ist es gewiß, daß sich unser Heiland gegen uns so verhalten wird, wie wir uns gegen unseren Nächsten verhalten.* Crescentia verurteilte nie den Menschen, der Ungutes getan hatte, sondern suchte ihn eher zu entschuldigen. In der gleichen Situation wie er, meinte sie, hätte sie vielleicht weit schlimmer gehandelt. Abscheu empfand sie vor dem Unrechten und Bösen, aber nicht vor Menschen. Die Novizinnen warnte sie vor der Verurteilung anderer und meinte: *Meine lieben Schwe-*

stern, wir müssen es machen wie die Immlein (Honigbienen), *welche allenthalben nur den Honig herausziehen. Die Bienen* (Wespen) *dagegen nehmen das Gift. Diesen letzteren müssen wir es nicht nachmachen, sondern wir müssen Immlein sein gegen unseren Nächsten, die den Honig der Tugend und der guten Werke an ihm ersehen und gute Lehren und Beispiele daraus mit fortnehmen.*

Die Beobachtung, daß Crescentia mit allen Menschen so gut umgehen konnte, bewog die Oberin, ihr auch die Krankenpflege im Kloster zu übertragen. Diese Tätigkeit übernahm Crescentia besonders gerne, schon in Erinnerung an ihre Mutter, von der sie vermutlich auch manchen Rat erbat. Crescentia bewahrte in ihrer Zelle vielerlei Salben und Teemischungen, die sie nach Bedarf und mit Erfolg anzuwenden verstand. Gegenüber Ärzten hatte sie ein gesundes Mißtrauen und wandte sich wiederholt heftig gegen die damals häufig durchgeführten Aderlässe, zu denen man riet, wenn man nicht mehr weiterwußte. Trotzdem versäumte Crescentia bei der Erkrankung von Schwestern nicht, den Arzt zu rufen und dessen Behandlung durch kräftigende Speisen und eine fürsorgliche Pflege zu unterstützen. Sie hat die Kranken, rühmte die Oberin Johanna, *gehoben und gebettet, ihre oft ekelerregenden Schäden* (Wunden) *mit eigenen Händen gesäubert und verbunden, ja ihnen eilfertig und mit tausend Freuden alles das getan, was sie ihnen von den Augen absehen konnte.*

Man sagte ihr wohl zu Recht nach, daß schon ihre Anwesenheit am Krankenbett Trost und Linderung gebracht habe und daß sie die Kranken *eher als eine liebevolle und liebreiche Mutter, denn als Schwester und Wärterin* behandelt habe.

Selbstverständlich war Crescentia auch um das seelische Wohl ihrer Patienten besorgt. Diese sollten erkennen, daß gerade die Krankheit Möglichkeiten bietet, Verdienste bei Gott zu erwerben, wenn man sie geduldig aus der Hand Gottes entgegennimmt und sich seinem heiligen Willen überläßt. Ihr blieb es stets ein Anliegen, daß die Kranken frühzeitig die Sterbesakramente erhielten.

Die Spiritualität der Crescentia Höß

A lles, was Crescentia in ihrem Leben tat, wollte sie aus Liebe zu Gott tun, um ihn zu ehren. Die Gestirne oder die Schönheit der Natur erschienen ihr als bescheidener Abglanz Gottes, den sie mit allen Kräften liebte. In ihm fand sie ihre Erfüllung und ihre Glückseligkeit.

Nach dem Zeugnis ihres letzten Beichtvaters, Pater Pamer SJ, äußerte sie: *Ich liebe Gott nicht aus Furcht vor der Hölle oder wegen des Lohnes im Himmel, sondern einzig und allein liebe ich ihn mit meinem Sinnen und Trachten, weil er ist, der er ist, nämlich das unbegrenzte Gut in sich.* Ein anderes Mal erklärte sie: *Was ich auch immer denke oder tue, das hat ausschließlich die Ehre Gottes zum Ziele, gleichsam als seinen Mittelpunkt, nicht aber schnöden Gewinn, Menschenlob oder irgend etwas anderes, was nicht Gottes ist.*

Ausdruck ihrer Gottesliebe waren die Gebete, in denen sie Gott ihre Liebe zu bezeugen suchte: *Mein Gott und mein Alles, aus ganzem Herzen liebe ich Dich, und es freut mich zutiefst, daß Du das unendliche, allerhöchste und einzig wahre Gut bist. Eben darum liebe ich Dich über alles und habe meine größte Freude, daß Du alles, ich aber Dein Nichts bin. Gott, aus tausend Gründen bin ich Dein Eigentum, und eben dies ist die Freude meines Herzens. Wenn aber auch keiner dieser Gründe bestünde, so wollte ich Dir doch ewig angehören; ja, wenn ich Millionen Herzen hätte, so wollte ich mit allen Dich allein lieben. Da ich aber nur dieses eine Herz habe, so schenke ich es Dir, das Du allein zu Deiner Liebe erschaffen hast, und mit diesem kleinen Herzen will ich Dich, großer Gott, viel und ganz lieben. Gott, ich liebe Dich so sehr, daß, wenn ich Gott wäre und Du Crescentia, so wollte ich in diesem Augenblick Crescentia sein, damit Du Gott wärest.*

Gespräche mit Gott und den Heiligen

Nach dem Zeugnis ihrer frühen Biographen erlebte Crescentia schon als Kind Zustände der Entrückung und des vertrauten Umgangs mit Gott und seinen Heiligen. Auch nach ihrem Klostereintritt hatte sie oft Visionen, doch empfand sie diese Gnadenerweise auch als Belastung und bat Gott, sie ihr nicht vor anderen zukommen zu lassen. Es ist bezeichnend für Crescentias Einstellung, daß eine ihrer Novizinnen, Schwester M. Gabriele Mörz, davon sprach, daß Crescentia Verzückungen *erlitt, die sie freilich geflissentlich zu verbergen bemüht war, was niemandem von uns entgangen ist.* Dies war jedoch nicht möglich, denn sie geriet oft in diesen Zustand, z. B. nach dem Empfang der hl. Kommunion oder wenn sie beim Unterricht für die Novizinnen von den göttlichen Personen oder von Maria sprach.

Pater Bonifatius Schmid, der Crescentia in den Jahren vor ihrem Tod als Provinzial betreute, hatte sie wiederholt bei Visionen erlebt. Er berichtete, wie sie dabei in fromme Begeisterung geraten konnte: *Das brennende Feuer der Liebe im Herzen der Crescentia brach ganz unmittelbar aus. Dann fing sie plötzlich an, Symphonien auf Gottes Liebe singend, zu tanzen, in heiligen Phantasien zu schwelgen, zu weinen und – zu verstummen, weil die Glut der Liebe Herz und Zunge hemmte, was ich oft mit süßem Staunen sah.* (Übersetzung aus dem Lateinischen von Pater Ansgar Pöllmann.)

Der Provinzial, der sich in der Karwoche vor Crescentias Tod im Kaufbeurer Kloster aufhielt, war Zeuge einer solchen Vision am Gründonnerstag. Am Mittwoch fragte er Crescentia, die alljährlich in der Karwoche das Leiden Christi besonders intensiv und unter großen körperlichen Schmerzen miterlebte, ob sie wieder die Gnade haben werde, Christus im Zustand der Entrückung die Füße zu waschen. Sie meinte, daß ihr dies bei ihrer Krankheit und Schwäche nicht mehr möglich sei. Christus habe ihr jedoch mitgeteilt, er wolle dies durch seine heiligen Engel verrichten lassen, sie möge dabei nur ihren Glauben erwecken.

Crescentias Stellvertreterin, Anna Neth, stellte am Gründonnerstag einen schönen Zinnkessel auf den Tisch. Nach dem Empfang
der hl. Kommunion geriet Crescentia in den Zustand der Ver-
zückung. Sie sah Christus *mit seinen hl. Aposteln und vielen Engeln. Etliche Engel hatten Rauchfässer und inzensierten immerdar
Christus den Herrn, die übrigen machten eine himmlische Musik.
(...) Christus der Herr befahle den Engeln, den Waschkössel auf die
Erden zu stellen, alsdann setzte der Herr seine hl. Füß in das Wasser. Die Engel waschten und trockneten selbe ab. (...) Der Herr* (seg-
nete) *das Wasser, und zu seiner Dienerin sich wendend, sprache
er, sie solle immer kräftigen Glauben haben. (...) Nach diesem
ware die ganze Erscheinung verschwunden.*
Crescentia nahm Nachrichten vom Einfluß überirdischer Mäch-
te, seien es gute oder böse, höchst vorsichtig auf. Immer warnte sie vor leichtfertiger Gutgläubigkeit, weil sie sich der Möglichkeit von Sinnestäuschungen durch eine allzu lebendige Vorstellungskraft bewußt war. Noch mehr fürchtete sie Eingebungen
des Bösen, verursacht durch übersteigerte Geltungssucht.
Wenn man ihr von visionären Schauungen irgendwelcher Personen, vor allem von Klosterfrauen, berichtete, reagierte sie
zunächst außerordentlich zurückhaltend. In Briefen und Gesprächen äußerte sie stets, daß man derartige Visionen nicht
wünschen und ihnen schon gar nicht von vorneherein trauen
dürfe. Selbst *hochgelehrte und geistliche Männer werden hier
betrogen,* schrieb sie.
Im Jahre 1732 wurde ihr berichtet, daß eine junge Schwester
in München täglich ihren hl. Schutzengel sehe, durch ihn Offenbarungen erhalte und von ihm erfahren habe, daß er auch
der Schwester Crescentia in Kaufbeuren erschienen sei. Crescentia reagierte rasch und entschieden: Nichts davon sei wahr,
sie wisse nichts von dem Schutzengel; man dürfe das nicht
glauben, es handle sich um Betrug durch den Teufel.
Als sie ein Beichtvater aus Innsbruck wegen den Äußerungen einer Konvertitin um Rat fragte, beschied sie ihm, dieser armen Person *keinen Glauben zu schenken,* weil es offensichtlich nur *lauter Betrug* sei, denn *auf solche Weise versucht der böse Feind mit
gutem Scheine zu betrügen, daß man ihn nicht erkenne.*

Für Crescentia war es geradezu ein Kriterium der Echtheit, wenn jemand, der Visionen hatte, in Sorge war, er könnte sich irren oder betrogen werden. *Jene aber, bei denen Betrug ist, die wollen den Geist Gottes haben und sind ihrer Sache so sicher, daß sie erprobt zu werden begehren. Das macht der Betrüger.*

Die Zustände der Entrückung konnten bei Crescentia sehr lange dauern, sie endeten aber stets sofort, wenn die Oberin ihr etwas mitzuteilen oder eine Anordnung zu geben hatte. Dann stellte sie sich jeweils unmittelbar auf die Realität und die Erfordernisse des Alltags ein. Von dem, was sie in ihren Visionen gesehen und erlebt hatte, berichtete sie nur, wenn ihre Oberen es im Gehorsam von ihr verlangten, oder wenn sie es aus erzieherischen Gründen für günstig hielt, den Novizinnen davon zu erzählen.

Das Fest der Geburt Jesu erlebte sie stets mit besonderer Freude. Schwester Gabriele Mörz erzählte, daß Crescentia das Wort Bethlehem in Erinnerung an Christi Menschwerdung kaum aussprechen konnte. *Wenn sie es nennen hörte, war es schon genug, um ihre Stimme versagen zu machen, und sie fing sogleich auf das zärtlichste zu weinen an. Ihr Angesicht aber glühte dann von dem in ihr brennenden Feuer der Liebe wie eine schön ausgebreitete Rose.* Wenn sie von Maria sprach, *nannte sie diese gewöhnlich ihre herzliebste Mutter. (...) Sie redete überaus gerne von Maria, der göttlichen Mutter.* Voller Glückseligkeit durfte sie die Geburt Christi schauen und als Höhepunkt erleben, daß Maria ihr das Jesuskind in die Arme legte. Sie sprach mit der Gottesmutter und dem göttlichen Kind, das sie im Kloster gerne in vielerlei Gestalten verehrte.

In den Kartagen litt sie in ihren Visionen mit Jesus. Sie hatte oft so unerträgliche Kopfschmerzen, als würde ihr die Dornenkrone in Kopf und Stirne gedrückt, daß sie wiederholt ohnmächtig wurde. Häufig bekam sie *vor Liebe und Gewalt des Mitleids* starkes Nasenbluten und heftiges Seitenstechen und konnte sich kaum aufrecht halten. Zugleich fühlte sie eine solche innere Hitze, daß sie fast zu verbrennen glaubte, und *litt dauernd an einem unaussprechlichen und unnatürlichen Durst, den sie niemals zu löschen vermochte. Dennoch war, was sie*

*trank, überaus wenig und bestand meist aus lauem Wasser, so
daß sie unaufhörlich diesen Durst litt, wodurch ihr Mund und
ihre Lippen oft derart ausgetrocknet waren, daß sie kaum ein
Wort zu reden und ihre Zunge nicht zu bewegen vermochte. Ja,
sie mußte zuweilen Gewalt anwenden, um ihren Mund zu öffnen und die am Gaumen klebende Zunge freizumachen, was
nicht ohne Mitleid mitangesehen werden konnte.*

In ihren Visionen sah sie auch Engel, zumal die Erzengel Michael, Gabriel und Raffael, die ihr aus der Bibel bekannt waren.
Außerdem sprach sie mit Heiligen, vor allem mit dem hl. Franziskus und dem hl. Benedikt. Der Prior Pater Meinrad Spieß
im benachbarten Benediktinerstift Irsee, zu dem die Franziskanerinnen gute Kontakte hatten, bat Crescentia 1742,
ihm ihre Vision des hl. Benedikt zu beschreiben, von
der sie ihm bei einem Besuch am 17. Februar so lebendig erzählt hatte. Dazu schickte er an die *Helfmutter* Anna Neth (Crescentia war wohl gerade bettläge-
rig) am 21. Februar 1742 eine Liste mit eher kritischen
Fragen, die Crescentia jedoch in aller Einfachheit sou-
verän beantwortete und am 24. Februar zurücksen-
den ließ. Fragen und Antworten haben sich im Kaufbeurer Pfarrarchiv erhalten:

Zur Benedikts-
Vision siehe:
*Crescentia Höß –
eine Kaufbeurer
Klosterfrau und
ihre Stadt im
18. Jahrhundert.
Quellensammlung
zur Ausstellung
im kunsthaus
kaufbeuren*, hrsg.
von Hilke Gesine
Möller, S. 44–47.

1. Ob ihr der hl. Benedikt öfter oder nur einmal erschienen
sei? – Er sei ihr mehrmals erschienen und habe mit ihr über Irsee gesprochen.

2. Ob er bei Tag oder bei Nacht erschienen sei? – Der hl. Benedikt und die anderen Heiligen erscheinen ihr meist nach
dem Empfang der hl. Kommunion.

3. Ob er im Schlaf oder im Traume zu ihr komme und sie dann
wecke? – Im Schlaf oder Traum komme kein Heiliger zu ihr.

4. Ob er vor oder nach Mitternacht komme? (Der Prior dachte offensichtlich, daß Crescentia den hl. Benedikt im Traum
gesehen hat.) – Diese Frage sei doch bereits beantwortet.

5. In welcher Gestalt Benedikt erscheine, welchen Habit er tra-
ge? – Er sei weder jung noch alt. Wegen des Glanzes um seine Gestalt sei der Habit nicht zu erkennen, und sie achte auch
nicht darauf.

6. Woher sie ihn als Benedikt erkannt habe? – Sie habe ihn in Gott erkannt.

7. Wie lang er bei ihr geblieben sei? – Solange es Gott beliebt habe.

8. Was der Heilige mit ihr gesprochen habe? – Nicht mehr, als sie dem Prior bereits mitgeteilt habe.

9. Ob der Heilige nicht gesagt habe, was ihm an den Irseer Mönchen mißfalle oder was verbessert werden solle? – Weder Gott noch die Heiligen offenbaren ihr die Fehler anderer Menschen, sie wolle diese auch gar nicht wissen. Die Gespräche handeln von der Liebe Gottes zu den Menschen, von der Liebe der Menschen zu Gott und von den Tugenden.

Anna Neth fügte der Liste noch die Bemerkung an, daß die Heiligen mit Crescentia so umgingen, wie es *gemeiniglich liebe freund mit einander zu thun pflegen* und ersuchte um Vertraulichkeit der Mitteilungen: *Daß es nit allen anvertraut werde, das bittet die Würdige Mutter. Je weniger es bekannt sey von Ihr, ie lieber es ihr seye, wan es in der stille gehalten werde.* Pater Meinrad notierte auf dem Brief, daß ihm vor bereits 20 Jahren Pater Magnus Remy ähnliche Auskünfte über Crescentias Visionen erteilt habe.

Auch sie selbst war lange in Sorge, ob es sich bei ihren Visionen nicht um Trugbilder handeln könne, zumal sie doch so vieler Gnaden gar nicht würdig sei. Beichtvater und Provinzial versicherten ihr, sie brauche sich keine Sorgen zu machen. Vielmehr solle sie Gott bitten, er möge sie behüten und von unnötiger Furcht und belastenden Zweifeln befreien. Zufrieden war Crescentia mit solchen Auskünften nicht; sie hatte das Gefühl, solcher Trost sei eher theoretischer Art, weil schließlich keiner ihrer Oberen selbst Erfahrungen dieser Art gemacht hatte.

Crescentias Vorahnungen

Die Schwestern im Kaufbeurer Kloster hatten sich bald daran gewöhnt, daß Crescentia viele Ereignisse im voraus wußte und dem Konvent ankündigte. Die Klosterüberlieferung berichtet von dem Besuch des neuen Provinzials Pater Sebastian Höß im Kaufbeurer Kloster, bei dem er einen Eindruck von Crescentia gewinnen wollte. Als er im Gästezimmer einen Brief fertiggeschrieben hatte und ihn versiegeln wollte, überlegte er: wenn mir Crescentia jetzt eine brennende Kerze bringt, ohne daß ich darum gebeten habe, wäre mir dies ein Zeichen, daß der Geist Gottes sie führt. Unmittelbar darauf klopfte Crescentia und brachte eine brennende Kerze. Auf die verblüffte Frage des Provinzials sagte sie ihm, er habe doch ein Licht gebraucht, um den Brief siegeln zu können.

Fürst-Erzbischof Leopold von Firmian in Salzburg entschloß sich einmal ganz plötzlich, wegen einer schwierigen Entscheidung sofort zu Crescentia nach Kaufbeuren zu fahren. Dort sagte Crescentia den Schwestern auf einmal, sie möchten doch an die Pforte gehen und den Fürst-Erzbischof empfangen, der eben ankomme. Dieser war darüber höchst überrascht, weil niemand im Kloster von seiner Reise hatte wissen können.

Derartige Geschichten wurden im Kloster gerne erzählt, so auch die Episode mit dem Pfarrer, der die angebliche Besonderheit Crescentias zu entlarven gedachte. Er besorgte sich fürstliche Kleidung, kam mit Gefolge ins Kloster und ließ melden, daß ein hoher Herr mit Crescentia sprechen wolle. Crescentia kam ins Sprechzimmer und teilte dem Pfarrer knapp und sachlich mit, er wäre gut beraten, derlei Maskeraden lieber bleiben zu lassen und sich statt dessen auf seinen baldigen Tod vorzubereiten.

Beseelt vom Vertrauen auf Gott vertrat Crescentia die Ansicht, *ein geistlicher Mensch sollte sich* (auch im Hinblick auf die Bedürfnisse des Alltags) *nicht allzusehr um die Zukunft kümmern, sondern seine Sorge soll sein, wie er im Augenblick Gott über alles lieben und ihm aus allen Kräften dienen könne.* Ihr erschien es wie eine Sünde, wenn man Gottes unendlicher Güte mißtraute, und sie meinte, ein Mensch, der nicht auf Gott hoffe, habe tatsächlich nichts mehr zu erwarten. Wenn sie eine Sache Gott anbefohlen hatte, so war sie anschließend ohne Sorge, ob sie es erhalten werde oder nicht und kümmerte sich nicht mehr darum; Gott werde schon rechtzeitig für alles sorgen: *Wer sollte nicht auf einen so lieben Vater hoffen!*

Schwester Benedikta Bez, Tochter eines Kaufbeurer Orgel-
bauers, die 1706 ins Kloster aufgenommen worden war, berichtete, wie einmal, als Portiunkula auf einen Freitag fiel, keine Fische vorhanden waren, die man den Gästen im Refektorium hätte vorsetzen können. Crescentia betete vertrauensvoll,
und kurz darauf ertönte das Pfortenglöcklein. Ein Mann stand
da, der dem Kloster einen Korb mit besten Fischen brachte.

Dem göttlichen Willen gehorsam

Schon von früher Jugend an war es Crescentias Bestreben,
hinter allem Gottes Absicht zu sehen und dem Willen Gottes zu gehorchen, sich ihm anzugleichen. Die Jesuiten hatten ihre Frömmigkeit geformt und sie von der Notwendigkeit der Übereinstimmung des menschlichen Willens mit dem
göttlichen überzeugt. Die *recta intentio,* die richtige Einstellung also, sollte das Leben prägen. Dementsprechend
verrichtete sie alles, auch das Geringste, aus Liebe zu Gott
und in der Absicht, seinen Willen zu erfüllen. *Wenn auch
eine Arbeit an sich nur gering und verächtlich zu sein scheint,*
lautete ihre Überzeugung, *so ist sie doch vor den Augen Gottes nicht klein und gering, wenn sie durch die gute Meinung
groß gemacht wird und aus purer, reinster Liebe zu Gott geschieht.*
Als ihr die Innsbrucker Hofapothekerin Anna Simmerin 1735
schrieb, sie habe so viel Arbeit in Haus und Apotheke, daß
ihr kaum Zeit zum Gebet und zum Besuch der Kirche bleibe, verstand dies Crescentia durchaus. Sie meinte jedoch, man
könne alle Arbeiten zur Ehre Gottes verrichten und auch im
Alltag Gott nachfolgen durch Demut, Sanftmut, Geduld, Stillschweigen und Gehorsam. Es sei besser, ein einziges Vater
Unser andächtig zu beten, als mehrere Rosenkränze ohne
Sinn und Verstand herunterzusagen. *Gott hat an einem solchen Gebet gar kein Gefallen,* erklärte sie den Novizinnen,
*ja, diese Beter haben viel mehr eine Strafe als ein Verdienst
oder Belohnung zu erwarten. Hingegen jene, die ihr Gebet*

mit Eifer und höchster Inbrunst des Geistes oder des Verstandes verrichten, solchen wird es niemals an guten Gedanken und heiligen Begierden ermangeln; denn der liebevolle Gott wolle gern mit einfältigen und reinen Seelen sein Gespräch führen.

Das Erfüllen der kleinen, oft lästigen Pflichten des Alltags war ihr ein wichtiges Anliegen. Hier konnte man tatsächlich im beschränkten Bereich des eigenen Lebens Gottes Willen erfüllen. Den Alltag im kleinen zu bestehen erschien ihr weit wichtiger und zugleich schwieriger, als ziemlich unverbindlich zu erklären, man wolle allzeit das Gute tun und immer nett zu den Mitmenschen sein, ohne sich dadurch zu irgendwelchen Konsequenzen verpflichtet zu fühlen. Letztlich war für Crescentia der Gehorsam ein Geschenk an Gott. Ganz bewußt verzichtete sie bei Anweisungen der Oberen darauf, nach Sinn oder Zweckmäßigkeit zu fragen, sondern nahm alle Befehle so an, als *wenn die Stimme aus dem Munde Gottes selbst gekommen* wäre. Sie war davon überzeugt, daß man vor Gott nichts falsch machen konnte, solange man gehorsam war.

Schon 1723 schrieb sie an die Novizenmeisterin im Dillinger Franziskanerinnenkloster, Scholastika Küstlerin: *Fällt Ihnen, meiner lieben Frau Schwester, der Gehorsam schwer, so denken Sie daran, daß die Befehle durch die Anordnung Gottes kommen, denn was unsere lieben Obern mit uns machen, das kommt von Gott, der sie regiert; also nehmen Sie es von der lieben Hand Gottes an.*

Einem Benediktinerpater in Wiblingen bei Ulm antwortete sie 1742 auf dessen Anfrage wegen eines Mitbruders, der sich mit dem Gehorsam schwer tat, sie wolle Gott für diesen bitten, *er solle recht gehorsam sein und er dürfe nicht zweifeln, wenn ihm sein gnädiger Herr Abt etwas befiehlt, daß er den Willen Gottes nicht vollziehe, wenn er* (nicht) *das tut, was sein Vorgesetzter ihm verordnet.*

Gerne pflegte sie Novizinnen und Schwestern zu sagen: Wer eine von der Oberin festgesetzte Arbeit oder Verrichtung flink ausführt, bringt Gott mit reiner Hand die Blume der Milch, nämlich den Rahm dar. Wer aber überall nur saumselig sich hinschleppt, sei es in das Gotteshaus, sei es in den Speisesaal oder anderswohin, der drängt dem allmächtigen Gott saure Milch auf. Als Oberin bezeichnete sie den Gehorsam als den *Augapfel in einem recht löblichen Kloster.*

Der Glaube

Gerne sprach Crescentia mit den Novizinnen über den Glauben und erläuterte an Beispielen, weshalb sie ihn für so wichtig halte und als das Fundament allen geistlichen Lebens ansehe: *Der Glaube ist die Grundmauer für alles, was wir hoffen, und ein sicherer Beweis für alle jene Dinge, die wir nicht sehen können! Er ist die Pforte der Seligkeit, sowie der Grund und das Fundament des Geistlichen! Jedoch ohne die guten Werke ist der Glaube tot und gleicht einem Leib ohne Seele. Damit der Glaube das Leben habe, ist es nötig, daß die Liebe ihn lebendig mache. Die Liebe ist gleichsam eine Seele, die dem Glauben das Leben gibt. Also wollen wir uns jederzeit bemühen, durch beständige Übung der guten Werke unseren großen Gott zu lieben und ihm getreu zu sein, damit der hl. Glaube unaufhörlich in uns lebendig sei und wir in diesem hellen Licht zu unserem Vaterlande wandeln.*

Sie befaßte sich mit dem Wesen des Glaubens, dessen Notwendigkeit sie in der Tatsache sah, daß er sich auf Gebiete erstreckte, die sich mit den Sinnen nicht wahrnehmen ließen: *Das Sichtbare braucht man nicht mehr zu glauben, weil man es ja schon mit Augen wahrnimmt; also wollen wir das Unsichtbare glauben und es durch den Glauben sehen.*

Allerdings, meinte sie, sei es uns möglich, Gottes Allmacht, Weisheit und Güte durch die Schöpfung und die Geschöpfe zu erahnen, auch durch ganz geringe Dinge wie einen Grashalm, eine Blume oder ein Blatt: *Gott ist in diesen Geschöpflein gegenwärtig. Durch seine Allmacht hat er sie erschaffen und ihnen ihr Wesen gegeben; durch seine Weisheit regiert er sie und ordnet sie unserem Nutzen entsprechend; durch seine unendliche Güte werden sie von ihm in jedem Augenblick erhalten; denn, wenn Gott ein solch kleines Geschöpf auch nur*

einen Augenblick verlassen würde, so würde es in eben diesem Augenblick in sein früheres Nichts zerfallen.
Gerne erläuterte Crescentia ihre Überlegungen am konkreten Beispiel, das allen einleuchtete: *In den kleinen Geschöpfen, den Mücklein, Immlein, Ameisen und dergleichen können wir die unendliche Allmacht Gottes am meisten erkennen und bewundern, denn, obwohl diese Tierlein überaus klein sind, so geht ihnen doch nicht das Geringste ab; sie haben die Augen, den Mund, die Füßlein, Flüglein und alle übrigen Teile und Gliedchen auf so wunderbare Weise, daß es alle menschliche Einsicht weit übertrifft, und all dieses hat ihnen Gott durch seine Allmacht gegeben. (...) Die Geschöpfe sind gleichsam Zungen, die uns die Größe Gottes künden und uns dazu führen, ihn zu erkennen und zu lieben.*

Die Demut

Crescentia erzählte wiederholt, daß sie schon als Kind vom Schutzengel erfahren habe, wie wichtig die Demut für den Menschen sei, und dieser Hinweis habe sich ihr tief eingeprägt. Als Novizenmeisterin und als Oberin bemühte sie sich unentwegt, die Schwestern von der Notwendigkeit der Demut zu überzeugen. *Die Demut ist der rechte und wahre Grund, ja das Fundament der geistlichen Vollkommenheit, ohne die eine geistliche Person diese unmöglich erlangen kann. Eine Tugend ohne Demut ist keine Tugend, sondern vielmehr eine Verachtung Gottes. Ein Gebäude, das nicht auf dem tiefen und festen Grund einer wahren Demut gegründet ist, wird bald zusammenfallen und mit Spott zugrunde gehen.*
Das beste Beispiel dafür bot Crescentia durch ihr Leben. Ihr war es spürbar unangenehm, wenn man sie wegen ihrer Gespräche oder wegen ihres Handelns lobte. Dann fühlte sie sich eher beschämt, und sie verwies nachdrücklich auf Gott, dem alles zu verdanken und für den sie nur ein bescheidenes Werkzeug sei. Sie versuchte dann möglichst rasch zu einem anderen Thema überzuleiten.

Novizenmeisterin

Es leuchtet ein, daß die Oberin Johanna Altwöger bereits früh daran dachte, eine so fromme, vorbildliche und begabte Frau wie Crescentia mit der Aufgabe einer Novizenmeisterin zu beauftragen. Im Jahre 1717, vielleicht auch schon 1714, übernahm Crescentia dieses Amt und übte es bis 1741 aus, als sie vom Konvent zur Oberin gewählt wurde.

Über ihre Tätigkeit wissen wir gut Bescheid, weil Aufzeichnungen von Novizinnen erhalten geblieben sind, z. B. von Gabriele Mörz, Crescentias letzter Novizin, die 1738 eingekleidet wurde und im folgenden Jahr ihre Profeß ablegte. 1748 und 1749 schrieb sie alles auf, was sie von Crescentia wußte: *Ihre hohe Weisheit hat sie besonders in der sorgfältigsten Unterweisung der ihr untergebenen Novizinnen erwiesen, was ich als ihre ehemalige und unwürdige Novizin selbst bezeugen kann. Sie hat uns nicht nur in Glaubensdingen und in den Ordenspflichten, sondern auch in allen anderen geistlichen und sittlichen Tugenden mit unermüdlichem Fleiß und größtem Eifer weise belehrt und der Vollkommenheit näher gebracht. Sie war uns ein lauteres Auge und eine lautere Stimme, sie hat uns jederzeit genau beobachtet und überwacht und vermochte so die uns noch anhaftenden Fehler und Untugenden mit der Wurzel auszurotten. Immer wieder war ihre Stimme da, uns zur Tugend zu ermahnen und zu ermuntern, ja, wo wir ihr nur immer begegneten, gab sie uns die schönsten Lehren, heilsamsten Unterweisungen: Gott zu lieben, kindlich zu fürchten, sich selbst zu verachten, andere hochzuschätzen und durch Übung der guten Meinung Gott verbunden zu bleiben.*

In den geistlichen Lehrstunden, in denen sie uns unterwies, sprach sie uns oft bis zu zwei, drei und mehr Stunden von Gott und göttlichen Dingen (...) so heilsam und lehrreich, daß wir oft voll Erstaunen und Verwunderung untereinander sagten: Es redete Crescentia nicht als einfältiger Mensch, sondern der Hl. Geist selbst redete aus ihrem Munde. (...)

Ich kann in tiefster Wahrheit bezeugen, daß mir nach jeder dieser geistlichen Lehrstunden nicht anders zumute war, als wenn ich ein neues Leben begonnen hätte.
Selbstverständlich verlangte Crescentia von den Novizinnen nie Gehorsamsübungen der seltsamen Art, wie man sie ihr einmal auferlegt hatte. Vielmehr suchte sie die angehenden Klosterfrauen mit Freude an Gott und Liebe zum klösterlichen Beruf zu erfüllen. Wenn sie merkte, daß eine Novizin Schwierigkeiten mit einer befohlenen Arbeit hatte, übernahm sie diese ohne viele Worte zu machen selbst. Immer wieder wird deutlich, mit welch psychologischem Feingefühl Crescentia die jungen Frauen betreute, freilich ohne zu vergessen, daß es sich um ein Probejahr handelte, das die Eignung für das Klosterleben bestätigen sollte. Mit gutem Grund versicherte die Oberin Johanna Altwöger den Novizinnen immer wieder, welches Glück sie hätten, daß sie von einer solchen Novizenmeisterin für das Klosterleben vorbereitet wurden.

Natürlich gab sie Anregungen, mußte ermahnen oder auch zurechtweisen, doch durch ihre gute Art des Umgangs mit den Novizinnen wirkte all dies nie verletzend. Wichtig war, daß diese stets spürten, daß es nicht um die Durchsetzung von Autorität und Macht ging, sondern um die Sache. Außerdem spürten alle Crescentias Zuneigung und wohlwollende Freundlichkeit.

Selbstverständlich war für sie der Gehorsam geradezu Voraussetzung für den Klosterberuf. Wer es als Novizin nicht fertigbrachte, sich unterzuordnen, der sollte besser wieder weggeschickt werden, weil sonst nur die gesamte Klostergemeinschaft darunter leiden mußte. Sie wußte, welch hohe Anforderungen das Klosterleben stellte und eine völlig andere Art der Selbstverwirklichung voraussetzte als das Leben in der Welt. Crescentia war davon überzeugt, daß ein Konvent Frauen, die ihre Gelübde nach eigenem Gutdünken und höchstens durchschnittlich befolgten, nur schwer ertragen konnte.

Der Novizenmeisterin im Dillinger Franziskanerinnenkloster riet sie auf Grund ihrer Erfahrung im Dezember 1723, bei den Novizinnen auch in Kleinigkeiten nichts zu übersehen, *denn wenn man am Anfang den Baum nicht biegt, dann ist es später vergebens.*

Eine einzige Klosterfrau, die sich nicht an die klösterliche Ordnung hält, konnte nach Crescentias Ansicht viel Schaden anrichten: *So kann eine Religiosin durch ihren ärgerlichen Verruf das erbauliche Leben eines ganzen Klosters in einen üblen Ruf bringen. Eine solche geistliche Person, die ein laues Leben führt, wird der unglückseligste Mensch sein, beständig unruhig und unausgeglichen, und er wird auch insgemein unruhig sterben.*

In diesem Sinn schrieb sie im Juli 1740 der Äbtissin von Feldbach auf ihre Anfrage: *Es ist hart, wenn man sieht, daß eine zur Zeit des Noviziats frech ist und eine weltliche Aufführung fortsetzen will. Was kann man da hoffen, wenn das Noviziat vorbei ist, so man schon in dieser Zeit große Ungelegenheiten gehabt hat. (...) Es ist keine geringe Sache, eine einzige Person kann eben viel Übel in einer Klostergemeinde anstellen. Es ist nicht um sie allein, es werden auch andere von solchen Übeln angesteckt, und so geht es immer fort.*

Crescentia kümmerte sich, wie es ihr Amt verlangte, auch um Kleinigkeiten. Ihre Hinweise bezogen sich auch auf den ganz gewöhnlichen klösterlichen Alltag, der dann Jahrzehnte hindurch zu bestehen war. Franziskanische Armut z. B. war für Crescentia eine Einstellung, die zunächst von der religiösen Überzeugung geprägt sein mußte, nicht so sehr vom jeweiligen Besitz an Geld und Eigentum. Deshalb hatte Armut in ihren Augen nichts mit Gleichgültigkeit gegenüber allem Äußeren oder dem Aussehen zu tun. Zerrissene oder schmutzige Kleidung war für sie kein Zeichen von Armut, sondern nur Ausdruck von Faulheit und Schlamperei. Sie selbst liebte ihren vielfach geflickten Habit, aber sie achtete auch darauf, daß er stets sauber und ordentlich aussah.

An erster Stelle verlangte sie, wie bereits festgestellt, einen überzeugten Glauben, den sie als *Grundmauer für alles, was wir hoffen* bezeichnete. Allerdings erweiterte sie ihre Aussage gleich auf die gesamte Handlungsweise: *Ohne die guten Werke ist der Glaube tot und gleicht einem Leib ohne Seele. Damit*

*der Glauben Leben habe, ist es nötig, daß die Liebe ihn leben-
dig mache.* Die göttlichen Tugenden wurden von ihr nicht als
abstrakte Forderungen vorgeführt, sondern in ihrer praktischen
Auswirkung auf das Alltagsleben vorgestellt. Ähnlich verhielt
es sich, wenn sie die Texte des Evangeliums auslegte. Dann
sprach sie so klar, überzeugend und zugleich so anschaulich,
daß die Novizinnen den Inhalt im Gedächtnis behielten. *Wir
gingen niemals von ihr ohne großen innerlichen geistlichen
Trost und Freude,* erinnerte sich auch Schwester Franziska
Remin, die 1736 ins Kloster eingetreten war. *Es war uns nach
einer geistlichen Lehrstunde nicht anders, als wäre uns gleichsam Leben eingegossen worden.*
Das hing natürlich auch mit Crescentias bildhafter Darstel-
lungsweise zusammen. Wenn sie z. B. die angehenden Klosterfrauen davon überzeugen wollte, daß man auch im geistlichen Leben nichts ohne entsprechende Mühe erreichen könne, dann ließ sie ihre Aussage in ein anschauliches Bild münden:
*Das menschliche Leben ist ein immerwährender Streit. Der bö-
se Feind, der gegen uns kämpft, ist voller List. Er fängt gewöhnlich mit kleinen Dingen an, den Menschen zu erobern, deshalb
müssen wir schon alle Gedanken, die uns verwirren, sofort ab-
weisen. Wenn wir in irgendeiner Sache eine irdische Neigung
verspüren, soll uns dies eine Mahnung sein, sie mit allem Fleiß
in uns auszurotten und zu vernichten. Die kleinen Füchslein
muß man fangen, damit sie den Weinberg des Herrn nicht ver-
wüsten und zugrunde richten.*

Begegnung mit Maria Anna Josepha a Jesu Lindmayr

Zu Beginn des Jahres 1719 erkundigte sich die Priorin der Karmelitinnen im Münchner Dreifaltigkeitskloster bei der Oberin Johanna Altwöger in Kaufbeuren, was es denn mit der Schwester Crescentia Höß auf sich habe, von der man so viel höre. Die Oberin antwortete, daß sie gerne alles mitteilen würde, was sie über Crescentia wisse und, fügte sie hinzu, *was die unendliche Güte Gottes an ihr offenbart,* aber das wäre zu viel für einen Brief. Dieser Anfrage folgte eine lebhafte Korrespondenz zwischen den beiden Klöstern, von der sich 112 Briefe aus Kaufbeuren erhalten haben.

Zu **Karmelitinnen** Randnote S. 58. Teilveröffentlichung d. **Korrespondenz:** *Nachrichten aus Briefen vor 250 Jahren, 1719–1743, über Crescentia Höß und M. Anna Josepha Lindmayr,* hrsg. von Max Heinrichsperger (d.i. Pater Johannes Gatz), Landshut 1971.

Das Münchner Dreifaltigkeitskloster war eine Gründung von Maria Anna Josepha a Jesu Lindmayr. Diese war am 24. September 1657 in München als eines von 15 Kindern eines Kammerdieners von Herzog Maximilian Philipp von Bayern geboren worden. In München starb sie am 6. Dezember 1726 mit 69 Jahren, und sie verbrachte, von wenigen Reisen abgesehen, ihr gesamtes Leben in München.

Auf Grund ihrer unermüdlichen Bemühungen wurden die Dreifaltigkeitskirche und das Dreifaltigkeitskloster gebaut. Anlaß war eine Vision, die sie in ihrem Tagebuch beschrieben hat: *Als ich am 8. Juli 1704 in Freysing war, erscheint mir die heiligste Dreifaltigkeit und wurde ich angetrieben, für die ganze Stadt München Bürge zu stehen, damit selbe nicht zu Grunde gehe. Es wurde mir auch die große Gefahr angedeutet und ich bin ermahnt worden, inzwischen ein Gelübde zu machen, nach Kräften beizutragen, daß eine Kirche zu Ehren der allerheiligsten Dreifaltigkeit erbaut werde und daß ich in dieser großen Gefahr mein Vertrauen zur Allmacht Gottes haben sollte; ich wurde gleichsam vergewissert und versichert, wenn von der Stadt dieses Gelübde gemacht werde, solle sie verschont bleiben.*

Die Reaktion, die sie daraufhin in München erlebte, überraschte sie sehr: Geistlichkeit, Adel und Bürgerschaft beschlossen am 17. Juli 1704 feierlich, eine Kirche zu errichten. Die Stadt blieb tatsächlich auch von der Pest sowie von Brandschatzung und Plünderung im Spanischen Erbfolgekrieg verschont. 1711 wurde der Grundstein für den Bau nach einem Plan von Antonio Viscardi gelegt. Die Deckengemälde schuf 1714/15 Cosmas Damian Asam, der kurz zuvor von seinem Italienaufenthalt zurückgekehrt war. 1718 wurde die Kirche vollendet und geweiht.

Nach der Überwindung vieler Widerstände vor allem durch den Rat der Stadt, der zwar gerne eine Dreifaltigkeitskirche wollte, auf keinen Fall aber ein weiteres Kloster, gelang es Maria Anna Josepha a Jesu Lindmayr doch, ein Kloster zu Ehren der Heiligsten Dreifaltigkeit nach der Regel des Karmeliterordens zu gründen, und am 22. Mai 1712, es war das Fest der Heiligsten Dreifaltigkeit, wurde sie hier eingekleidet. Am 22. Mai 1713 legte sie ihre Profeß ab. 1716 wurde sie zur Priorin gewählt. Eine Wiederwahl im Jahre 1719 nach ihrer dreijährigen Amtszeit lehnte sie jedoch ab und wurde Novizenmeisterin. Zur Priorin wählte der Konvent dann Maria Anna Josephas leibliche Schwester, Johanna a. S. Wenzeslao.

Maria Anna Josepha Lindmayr galt in München und weit darüber hinaus als tüchtige, kluge Frau, die häufig visionäre Schauungen hatte. Zwischen ihr und Crescentia gab es zahlreiche Gemeinsamkeiten: Beide wurden von Gott außerordentliche Wege geführt und konnten nur nach der Überwindung großer Schwierigkeiten in das Kloster eintreten. Beide wurden vieler Visionen gewürdigt, und beide hatten eine besonders enge Verbindung zu den Armen Seelen. Sie waren große Verehrerinnen des Leidens Christi und des Heiligen Geistes, hatten Jesuiten als Seelenführer und sahen in Sühne und Fürbitte für Lebende und Verstorbene ihre eigentliche Aufgabe.

Sie hatten beide immer wieder mit erheblichen gesundheitlichen Problemen zu kämpfen, waren aber trotzdem durchaus lebenstüchtig und wußten bestens mit den Problemen des Alltags umzugehen. Beide erhielten in ihren Klöstern Führungsaufgaben und bestimmten das geistliche und wirtschaftliche Leben in ihrer Gemeinschaft.

Von einem Gespräch mit Maria Anna Josepha Lindmayr erhoffte sich Crescentia einen Hinweis auf die Beschaffenheit ihrer Visionen und darauf, ob sie tatsächlich von Gott stammten. Zuversichtlich reiste sie im April 1721 nach München, begleitet von ihrer Mitschwester Elisabeth Krimmer, einer gebürtigen Münchnerin, die 1710 in Kaufbeuren eingetreten war. Wegen der strengen Klausur der Karmelitinnen im Dreifaltigkeitskloster brauchte Crescentia eine Genehmigung zum Betreten des Klosters vom Fürstbischof in Freising, die sie natürlich ohne Schwierigkeiten erhielt.

Über den Inhalt des Gesprächs gibt es keine Aufzeichnungen. Die 39jährige Crescentia suchte Hilfe wegen ihrer mystischen Erfahrungen und Orientierung für ihr geistliches Leben. Ihr größtes Anliegen war ein Leben, das kompromißlos auf den Willen Gottes ausgerichtet war. Selbst im eigenen Konvent hatte sie jedoch wiederholt Vorbehalte dagegen gespürt.

Jetzt begegnete sie einer erfahrenen Frau, die Ähnliches durchgemacht hatte wie sie und deshalb ihre Sorgen verstehen konnte. Für Crescentia war es sicherlich eine große Erleichterung, daß sie nun über alles das sprechen konnte, was sich im Lauf der Jahre bei ihr aufgestaut hatte.

Bei dem Gespräch erkannte sie, daß der Sinn ihres Lebens nicht darin liegen konnte, seelisches und körperliches Leiden als Sühne für ihre Fehler anzusehen oder gar möglichst bald zu sterben, um dadurch schneller zur ewigen Anschauung Gottes zu gelangen. Vielmehr öffneten sich für sie ganz neue, soziale Dimensionen: Anstelle von Ichbezogenheit angesichts der Sorge um das eigene Seelenheil trat nun die Verantwortung für die Mitmenschen. Ab jetzt wollte sie ihre Leiden für andere aufopfern, und sie erhoffte nicht mehr ihren eigenen baldigen Tod, sondern ein segensreiches Leben im Dienst für andere. Das war eine befreiende Aufgabe, die ihrem Leben neue Ziele und Perspektiven gab. Nach dem Gespräch brach

Karmelitinnen: Weiblicher Ordenszweig des Karmeliterordens (gegr. um 1550), der von der hl. Theresia von Avila mit Hilfe des hl. Johannes vom Kreuz reformiert wurde (Gebot des Barfußgehens, Leben von Almosen, dreimalige Geißelung pro Woche). 1562 Gründung des Klosters in Avila.

Crescentia vor Freude, Erleichterung und Zuversicht in Tränen aus. Beruhigt und froh fuhr sie nach Kaufbeuren zurück. Oberin Johanna bedankte sich am 5. Mai bei der Münchner Priorin für die gastfreundliche Aufnahme im Dreifaltigkeitskloster und teilte mit, daß Crescentia *gar erfreut und getröstet* zurückgekommen sei. Es habe ihr gut getan, sich *mit einer solchen Seele auszusprechen, die von Gott so besondere Gnaden empfangen habe, und zu erfahren, wie es sich mit ihr verhalte.* Sie, die Oberin, wäre am liebsten bei dem Gespräch dabeigewesen.

Auch die Priorin in München hätte gerne Näheres gewußt, zumal sie die weinende Crescentia gesehen hatte. Aber sie wollte verständlicherweise weder Crescentia noch Maria Anna Josepha nach der Ursache fragen, sondern erkundigte sich lieber bei der Kaufbeurer Oberin. Johanna Altwöger vermutete, das Gespräch über die Liebe Gottes zu den Menschen habe Crescentias Herz wohl dermaßen bewegt, daß ihr vor Rührung die Tränen gekommen seien. Außerdem habe sie den Aufenthalt im Münchner Konvent als so wohltuend empfunden, daß sie sich an Christi Wort erinnerte, *wo zwei oder drei in meinem Namen versammelt sind, da bin ich mitten unter ihnen,* und seine Anwesenheit gespürt habe.

Noch Monate später, Ende Juli 1721, berichtete die Kaufbeurer Oberin nach München, daß Crescentia aus dem Gespräch mit Maria Anna Josepha beständig Trost und Freude schöpfe. Gottes Gnade wirke bei ihr immer spürbarer, und während sie bisher stets um die Gnade eines frühen Todes gebetet habe, damit sie Gott nicht durch ihre Sünden betrüben könne, sei sie jetzt gerne bereit, so lange zu leben, wie es dem Willen Gottes entspreche, um im Namen Jesu Leiden auf sich zu nehmen. Jesus habe ihr mitgeteilt, eine solche Bitte sei ihm weit wohlgefälliger als der Wunsch nach baldigem Tod. Deshalb werde er ihn gerne erfüllen. *Zwei Dinge,* sagte sie seit dieser Zeit, *machen mir das Leben wert und geben meinem Leben seinen Inhalt: Die Erfüllung des Willens Gottes und das Heil des Nächsten.*

Die persönliche Begegnung und das Gespräch mit Anna Josepha a Jesu Lindmayr war zu einem entscheidenden Ereignis in Crescentias Leben geworden, das ihr für ihr religiöses Leben Sicherheit und Zuversicht bot und ihr vor allem das Gefühl vermittelte, daß sie in religiöser Hinsicht nicht mehr allein und unverstanden war.

Die Oberin in Kaufbeuren hatte den Eindruck, daß zwischen Crescentia und Maria Anna Josepha eine intensive geistige und mystische Beziehung bestand. Crescentia sprach gerne von der *lieben, gottseligen Mutter Maria Anna Josepha,* oder, wie sie gut schwäbisch formulierte, von ihrer *Marianna.*

Eine weitere Zusammenkunft der beiden Frauen war bereits geplant, doch der Tod Maria Anna Josephas verhinderte sie. Diese durchlebte seit Mai 1726 eine schwierige Zeit mit Zuständen der zeitweiligen Erblindung und mit belastenden seelischen Problemen, aus denen sie nur durch das intensive Gebet und die völlige Ergebung in Gottes Willen herausfand. Gott teilte ihr mit, wie wichtig vor allem das Rosenkranzgebet für sie sei. Am 4. Dezember 1726 erkrankte sie. Die Schwestern riefen einen Arzt, der keine Krankheit feststellen konnte. Maria Anna Josepha versicherte ihm: *Sie können mir nicht sagen, aus welcher Ursache ich sterben muß; denn ich habe keine Krankheit.* Die Schwestern bat sie am folgenden Tag: *Wenn ich gestorben bin, so saget und bezeuget, daß ich Ihnen anvertraut und Sie versichert habe, daß ich an keiner Krankheit sterbe, sondern aus Übermaß an Liebe* (zu Gott). Am 6. Dezember bat sie ihre Mitschwestern um Verzeihung wegen der durch sie gegebenen Ärgernisse. Sie empfahl dem Konvent, die Klosterregeln sorgfältig zu befolgen und den Armen Liebe und Erbarmen zu erweisen. Nachts um halb elf Uhr entschlief sie ruhig. Erst am 17. Dezember wurde sie begraben.

Bei Crescentia finden sich in diesem Jahr wiederholt Äußerungen, aus denen sich eine weitgehende seelische Übereinstimmung mit Maria Anna Josepha erkennen läßt. Am 20. März 1726 schrieb sie z. B. einer betrübten, niedergeschlagenen Klosterfrau in Dillingen an der Donau: *Ich bin voll Trost, wenn ich an den Tod und an das Sterben denke, es kann mich nichts mehr erfreuen und aufmuntern, als gerade dies. Denn die Welt kommt mir nicht anders vor, als wie ein finsterer Kerker, in dem ich keine einzige Freude habe, noch finden kann. Es ist zwar Gott allenthalben zugegen, jedoch finde ich, daß ich seine Liebe und Anschauung nur dort genießen kann.* Im Juli hingegen äußerte sie zwar immer noch, daß sie gerne sterben würde, doch sie betonte zugleich ganz entschieden, daß es gar nicht auf ihre Wünsche ankomme, sondern allein darauf, daß *Sein heiliger Wille* geschehe.

Nach Maria Anna Josephas Tod kondolierte die Kaufbeurer Oberin und verwies den Konvent auf Gott als den *Tröster aller Betrübten.* Zugleich aber teilte sie dem Münchner Kloster mit, daß Crescentia im Zustand der Entrückung erfahren habe, daß Maria Anna Josepha von Gott und den Heiligen im Himmel empfangen worden sei. Wegen ihrer vielen Verdienste habe sie zahlreiche Seelen aus dem Fegfeuer mit sich nehmen dürfen. Im Himmel werde sie nun erst recht eine fürsorgliche Mutter des Klosters sein. Man solle sie anrufen, dann werden alle erfahren, daß sie bei Gott Fürbitterin sei und dies auch bleibe.

Schon am 10. Januar 1727 begann ein Informationsprozeß über die Verstorbene, und am 23. Januar schickte man die Akten nach Rom. Aus Mangel an finanziellen Mitteln wurde der Prozeß jedoch 1734 eingestellt. Als er 1746 weitergeführt werden sollte, waren die Akten in Rom nicht mehr auffindbar.

Erst 1968 wurden im Archiv der Karmeliten in München 112 Briefe gefunden, die zwischen 1719 und 1742 aus dem Kaufbeurer Franziskanerinnenkloster an das Münchner Dreifaltigkeitskloster geschickt worden waren. Sie stammten von der Oberin, Johanna Altwöger, von Anna Neth und von Crescentia Höß.

Verehrung des Heiligen Geistes

V on Kindheit an war Crescentia eine große Verehrerin des Heiligen Geistes. Pater Dominikus Ott, SJ berichtet von frühen Visionen, in denen der Heilige Geist die kleine Anna Höß wie ein *wahrer Lehrmeister* in den Geheimnissen des Glaubens unterwiesen hat. (Es ist ihr) *der Hl. Geist erschienen in der Gestalt eines überaus schönen Jünglings in einem schneeweißen Rock und Mantel mit bloßem Haupt und gekrausten Haaren und mit sieben um das Haupt schwebenden Flammen oder feurigen Zungen. Fast in jener Gestalt, wenigstens soviel das Wesentliche betrifft, in der er vor Zeiten der hl. Theresia erschienen ist, die ihn ebenfalls abbilden ließ und die Bildnisse in ihrem Gebetbuch aufbewahrte.*

Auch Miller berichtet im Anschluß an die Vision vom Jesus-Knäblein, daß Crescentia eine Heilig-Geist-Vision hatte (vgl. S. 13 f. mit Randnote).

Das Kaufbeurer Franziskanerinnenkloster besaß Kupferstiche mit solchen Abbildungen des Hl. Geistes und der (lateinischen) Erläuterung: *In dieser Gestalt hat sich der heilige Geist der heiligen Jungfrau Theresia* (von Avila im 16. Jahrhundert) *geoffenbart.*

Spätestens nachdem Crescentia in das Franziskanerinnenkloster eingetreten war, lernte sie solche Abbildungen kennen, die ihren Visionen ähnelten und die ihr verständlicherweise weit ansprechender erschienen als die Symbole der Taube oder der feurigen Zungen. Gerade weil ihr die Verehrung des Hl. Geistes ein so großes Anliegen war, hielt sie es für nötig, ihn in menschlicher Gestalt darzustellen.

Im Kloster erfuhr sie zunehmend die Nähe des Heiligen Geistes. Wiederum beschreibt Pater Ott SJ eine ihrer Visionen: *An einem Pfingstfest erschien Crescentia der Hl. Geist und erfüllte sie mit seinen sieben Gaben auf eine ganz unaussprechliche Weise und sagte: wer nichts liebt als mich allein, den will ich in mir und in meiner Gnade befestigen.*

Crescentia, die diese Gnade im Innersten ihres Herzens ganz empfindlich spürte, konnte diese nicht erklären. Das allein sagte sie, daß von dieser Zeit an ein über die Maßen helles und ganz neues Licht in ihrer Seele verblieben sei, das ihr nicht allein den Abgrund ihres Nichts sonnenklar zeigte und alle Bewegungen der Natur entdeckte, sondern daß sie auch durch die Klarheit dieses Lichtes alle Wirkungen der Gnade Gottes in ihr selbst sehe und erkenne.

Bei ihrem Besuch im Münchner Dreifaltigkeitskloster im April 1721 wurde Crescentia in ihrer Verehrung der dritten göttlichen Person noch bestärkt. Sicherlich war sie in der Kirche von dem Hochaltarbild höchst beeindruckt, das Johann Andreas Wolff 1711 begonnen und sein Schüler Johann Degler 1717 vollendet hatte. Das Bild, das der bayerische Kurfürst Max Emanuel gestiftet hatte, zeigt Dreifaltigkeitsvisionen der Maria Anna Josepha Lindmayr von 1703 und 1704, die wiederum den Vorstellungen Crescentias in vielem entsprachen. Über Gottvater und Gottsohn schwebt der Hl. Geist in Gestalt eines Jünglings mit den sieben Feuerzungen um sein Haupt als Hinweis auf die Gaben des Heiligen Geistes (Weisheit, Verstand, Rat, Stärke, Wissenschaft, Frömmigkeit, Gottesfurcht) und mit dem Symbol der Taube vor der Brust. Aus seiner Nase kommt ein Hauch in Dreiecksgestalt, der Vater und Sohn verbindet. Darunter steht die Gottesmutter, die ihren Mantel um eine ängstliche, verhärmte Frau gebreitet hat. Die Frau sucht Schutz vor der Kriegsfurie, die rechts durch die von Flammen erleuchtete Stadt angedeutet ist. In der Hand hält sie eine Schale mit drei Herzen: die drei Stände, Adel, Bürgertum und Geistlichkeit, die am 17. Juli 1704 auf Grund der Vision der Maria Anna Josepha Lindmayr feierlich gelobten, eine Kirche zu Ehren der Hl. Dreifaltigkeit erbauen zu lassen.

Außerdem sah Crescentia in der Kirche auch das Gemälde des Josefsaltars von Joseph Ruffini. Wiederum ist die Dreifaltigkeit dargestellt: Der hl. Josef, Patron des Dreifaltigkeitsklosters, hält das Jesuskind und blickt zu Gottvater und dem Hl. Geist empor. Das Jesuskind grüßt und segnet mit der rechten Hand die Menschen und hält in der linken ein kleines Kreuz.

Crescentia hat sicher in Kaufbeuren mehrfach von dem Inhalt und der Schönheit dieser Bilder erzählt. Als sich ihre Visionen wiederholten, wünschte die Oberin Johanna Altwöger 1728, daß nach Crescentias Angaben, *so wie sie es in der Erscheinung gesehen,* ein Bild des Heiligen Geistes gemalt werde. Den Auftrag erhielt Joseph Ruffini, dessen Josephsdarstellung in der Dreifaltigkeitskirche in München Crescentia vermutlich besonders gut gefallen hat. Er war seit 1719 in der Benediktinerabtei Ottobeuren im Auftrag des Abtes Rupert Neß tätig. Vielleicht hatte ihn der Abt auch dem Kaufbeurer Kloster empfohlen.

Die Schwestern waren von dem Gemälde begeistert, und auch Crescentia fand, daß es ihrer Vision wenigstens nahe kam. Es mußte eine Person von jugendlichem Aussehen sein, weder Mann noch Frau, weil sich Gott nicht nach menschlichen Kriterien einordnen läßt. Sie war auch damit einverstanden, daß von dem Gemälde Kupferstichbildchen hergestellt wurden, und auf Wunsch des Beichtvaters signierte sie einige davon auf der Rückseite. Da ihr das viel Mühe und Zeit kostete, unterschrieb meist Anna Neth in und mit ihrem Namen.

Offensichtlich hatte die Priorin im Münchner Dreifaltigkeitskloster die Oberin Johanna in Kaufbeuren im Sommer 1728 um eine Figur der Heilig-Geist-Darstellung Ruffinis gebeten. Die Oberin antwortete am 1. September: *Waß mein liebwerte Frau Priorin bittet, umb dem göttl. lehrmeister gekleiter machen* (bekleidet darstellen) *zue Lassen, wolte ich gehrn ihr die Lieb erzeigen, und von herzen winschen, es ist aber hier kein bildhauer und braucht es offt Jahr und Tag biß man nur ein biltel bekombt, so man es nun will an einem anderen orth machen lassen, so trifft es kein bilthauer, dann die Sch.*(wester) *M. Crescentia hat es disen selber angeben; sie machen allzeit die biltnuß, wie ein JESUS Kindel, es mus aber nit also sein, sondern der göttl. Geist ist es, und wird ganz schneeweiß von Daffet* (Taft) *beklayt, es braucht man weder silber noch gold darzue aber dannoch kombt es sehr hoch* (teuer), *es kann es auch Niemand also klayden wie die M. Crescentia, sie waiß allein solchen zu machen, weil er sonst Niemand also bekan*(n)*t ist.*

Der große Ottobeurer Abt Rupert Neß, ein frommer Verehrer der Hl. Dreifaltigkeit (darauf verweisen das Bildprogramm in Kloster und Kirche sowie auch die drei Ringe in seinem Wappen), war wie Crescentia davon überzeugt, daß die menschliche Vorstellungskraft Zeichen und Bilder braucht und daß ein gutes Bild dem Betrachter oft mehr sagen kann als viele Worte.

Ende Oktober 1731 besuchte Crescentia auf einer Reise nach Memmingen auch Abt Rupert Neß in Ottobeuren und sprach mit ihm über den Hl. Geist. Abt Rupert war so beeindruckt, daß er der Oberin Johanna schrieb, er hätte gerne *etwas von jenigen Sachen zu lesen, was die göttliche Güete mit M. Crescentia handlet.* Die Oberin antwortete am 2. Januar 1732, daß darüber vorläufig nichts bekannt gemacht werden dürfe. *Meine Schwester Maria Crescentia,* schrieb sie, *befehlet sich demietigist, weillen Ihro Hochwürden und Gnaden mit ihr ein und anderes geredt von der vorgestellten biltnus des H. Geists, so habe Sie schon einige Zeit her einen Antrib ein solches bildt zue yberschickhen, wie wohl es von keinem Mahler oder Künstler nit könne vorgestelt werden, wie es in sich selbsten seye, weder durch Miniatur noch anders, dann es ein dem Menschen unbegreifliches Wesen sey, und nur also ein stellung* (Skizze) *darvon gemacht werde, so bittet demietig, Euer Hochwürden und Gnaden wollen es gnädig von ihr aufnehmen, sie habe dem Antrib folg leisten wollen, und anmit die Ehr des H. Geists nach ihrer Schwachheit vermehren helfen.*

Am 9. Januar bedankte sich die Oberin bei Abt Rupert für die Neujahrswünsche und eine Almosenspende auch im Namen Crescentias und fügte hinzu, *es erfreye sie, daß mit dem yberschikthen bild des Hl. Geists Sie ein genädiges belieben gefunden, und was an sie seye geschriben worden, das werde Sie dem H. Geist eyfrig anbefehlen, daß Werkh* (der Neubau der Klosterkirche in Ottobeuren) *damit Er solches ausfiehren und in denen Herzen reden wolle, damit keine Verhinderlichkeiten sich dargegen sezen und aufgehoben werde.*

Crescentia hatte auch gute Kontakte zu Abt Ruperts Nachfolger, Abt Anselm Erb, der ihr bei einem Besuch im August 1741 den Kreuzgang zeigte, dessen Wandbilder aus dem Alten und Neuen Testament ihr großen Eindruck machten und sie veranlaßten, auch im Kaufbeurer Konventbau einen Kreuzweg malen zu lassen. Am 4. April 1742 legte sie dem Abt *zum Zeichen meines Dankes noch ein kleines Heiliggeist-Bild* bei.

Für Weihnachten 1732 schickte die Kurfürstin Maria Amalia an Crescentia 50 Gulden, damit für das Heilig-Geist-Bild ein schöner Baldachin angefertigt werden konnte. Crescentia bedankte sich am 23. Oktober 1732 *wegen sollicher grosen Gnad und guethätigen Freygebigkeit gegen unserm lieben Clösterl, mein würdige Muetter* (Oberin Johanna), *das ganze Convent, und mein nichtigiste Person mit demietigisten Handkuß Ewer Durchleucht den aller underthänigisten Dankh sagen, und den lieben Gott und Vergelter alles Guetens, in unserm armen Gebett nach Möglichkeit erbitten werden, daß Er solches Ewer Churfürstliche*(n) *Durchleucht reichlich mehr in anderm ersetzen und durch seine Gnad stärken, in aller Großmüetigkeit und Gedult beständig erhalten.* (...) *Es ist mir ein besonders grose Freyd, daß durch Ewer Durchleucht gnädigiste Guethat zue der Ausziehrung des Hl. Geists eine Beysteur ist geschickht worden, der auch würdt mit seiner göttl. Einsprechung zue dem Herzen reden, so wür stets bitten.*

Da die Kurfürstin sah, wie sehr Crescentia Ruffinis Bild schätzte, ließ sie 1735 in Augsburg eine silberne Nachbildung herstellen. Pfarrer Oxenreiter von Obergermaringen erklärte am 24. September 1744 gegenüber Eusebius Amort und Johannes Baptist Bassi, daß ihm Crescentia bei seinem Besuch im Kloster im August 1743 die Statue gezeigt habe. Als er Bedenken wegen dieser Art der Darstellung äußerte, entgegnete ihm Crescentia: *Ist denn der Hl. Geist nicht eine der Personen in der Heiligsten Dreifaltigkeit?* Sie sagte ihm auch, daß sie sich selbst eine bekleidete Statue des Hl. Geistes gemacht und sie aufgestellt habe.

Von verschiedenen Seiten gab es Einwände gegen diese Darstellung des Hl. Geistes als Person, aber auch der Augsburger Bischof Franz Schenk von Stauffenberg äußerte, daß ihm diese Abbildung gefalle. Nach ihrer Wahl zur Oberin schränkte Crescentia die Verbreitung der Heilig-Geist-Bildchen durch das Kloster jedoch ein, um keine Mißverständnisse hervorzurufen. Bald nachdem Crescentia den Kurfürsten und Kölner Erzbischof Clemens August kennengelernt und ihm Auskünfte über den bei einem Duell getöteten Johann Baptist von Roll erteilt hatte, bat sie ihn bei einem seiner Besuche in Kaufbeuren, ihre

Bemühungen zur Verehrung des Hl. Geistes zu unterstützen. Am 1. September 1733 wiederholte sie ihre Bitte in einem Brief: *Weil ich Euer kurfürstlichen Durchlaucht wegen des Heiligen Geistes und der Aussetzung* (des Allerheiligsten) *in den untergebenen Bistümern* (Kurfürst Clemens August war Erzbischof und Bischof in fünf Bistümern: Köln, Paderborn, Münster, Osnabrück, Hildesheim, dazu Hochmeister des Deutschen Ritterordens) *mündlich gebeten habe, erteile man mir die Gnade, für die ich mein Leben lang verbunden sein würde. Ich habe ein Bild hier beigelegt, daß auf solche Art eines gemacht werden könnte nach Ihrem Willen, gemalt oder geschnitten* (geschnitzt), *alles ist recht.* Bei dem *Bild* handelte es sich um ein Kupferstichbildchen nach dem Heilig-Geist-Gemälde von Ruffini.

Kurfürst Clemens August folgte Crescentias Wunsch und ließ zwischen 1750 und 1753 in Schloß Augustusburg in Brühl eine kostbare, ikonographisch sorgfältig durchdachte Heilig-Geist-Kapelle einrichten. Die Fresken schuf um 1750 Johann Adam Schöpf: Über dem Altartisch malte er einen Tabernakel, flankiert von zwei Engeln. Darüber steht auf einer Wolkenbank der Heilige Geist in der Gestalt, wie Crescentia ihn in ihren Visionen gesehen hatte und dargestellt haben wollte: zeitlos, weder männlich noch weiblich, mit sieben feurigen Zungen um sein Haupt und dem Symbol der Taube auf der Brust. Über dem gemalten Altaraufbau beginnt auf einem Spruchband die Pfingstsequenz zu Ehren des Heiligen Geistes. Sie wird auf Kartuschen an den Seitenwänden fortgeführt und endet in einer Kartusche über dem Heiligen Geist. Ein Engel verweist mit der rechten Hand auf den Heiligen Geist, an den der Hymnus gerichtet ist, mit der linken auf die Kartusche. Die Abbildung des Heiligen Geistes verbindet Gottsohn, der auf dem Altar im Altarsakrament zugegen ist, mit Gottvater im Himmel, der an der Decke gemalt ist, umgeben von einer Fülle von Engeln. An den Seitenwänden sind die vier Evangelisten, Petrus und Paulus sowie die Aussendung des Heiligen Geistes am Pfingstfest dargestellt.

Kupferstichbildchen von Ruffinis Gemälde, die vor allem in Augsburg in großer Zahl hergestellt wurden, fanden weite Verbreitung. Klöster, die mit Crescentia in Verbindung standen, ließen den Heiligen Geist entsprechend der Vision Crescentias ebenfalls in menschlicher Gestalt darstellen. Franz Anton Erler malte ihn für das Eustachiuszimmer der Benediktinerabtei Ottobeuren. Das Mindelheimer Franziskanerinnenkloster, das sich dem Kaufbeurer Kloster besonders eng verbunden fühlte (die Schwestern bezeichneten sich gegenseitig als Basen), ließ 1742 an der Stirnseite des Refektoriums von Franz Anton Germiller links vom Kreuz Gottvater und rechts den Hl. Geist darstellen. (Bei einer Renovierung erhielt die Taube auf der Brust in Unkenntnis der Ikonographie dreizehn feurige Zungen und zahlreiche goldene Strahlen.)

Am 19. August 1742 schickte Crescentia an Abt Bernhard Beck im benachbarten Benediktinerkloster Irsee ein Heilig-Geist-Bildchen: *Ich überschicke dieses Bild vom Heiligen Geist, weil dieser göttliche Geist der allerbeste Helfer, Beistand und Ratgeber ist. Ich bitte in Gnaden anzunehmen.*

Mitte September 1744, nach Crescentias Tod, wollte die bischöfliche Kommission, bestehend aus Johann Baptist Bassi und Eusebius Amort, auch den Maler Joseph Ruffini zu den genaueren Umständen der Entstehung des 1728 von ihm gemalten Heilig-Geist-Bildes befragen. Der Fragen-Katalog umfaßte 12 Punkte:

1. Ob er die Bildnus des H. Geists gemahlen.

2. In welche iahr selbe gemahlt worden.

3. Wer solches zu mahlen anbefohlen, oder ersuchen.

4. Wer die Zeichnung angegeben? Und ob Crescentia selbst beschriben, wie er solle gemahlt werden.

5. Ob die Crescentia zu ihm selbst gesagt, das dises der H. Geist seye?

6. Ob er von dem Mund der Crescentia selbst vernommen, wie und wan ihr der H. Geist erschienen seye? oder von wem er solches vernommen?

7. Ob die Crescentia ihm selbst von ihren erscheinungen schriftlich oder mündlich etwas anvertraut? Und was?

8. Ob er das Contrafait (Porträt) der Crescentia gemahlen? in welchen(m) iahr? wer es verlanget? Und ob sie gesessen, oder nur verstollnr weis abgemahlt worden?

9. ob ihm auch bekant, von wem Christus in dem Kerker erstes gezeihet (zum erstenmal dargestellt) *worden? Ob dises von der Crescentia angegeben worden? in welchem iahr solches geschehen.*

10. Und allwo dise andacht erstlich in denen Kürchen AugsPurgischer oder Freisinger Bistumbs eingefurt worden?

11. In was iahr und in wessen verlangen die bildnus des H. Geists erstlich in kupfer gestochen worden?

12. Ob er nit einige Brieff, oder Schriften zuhanden, auf welchen einige Erscheinungen oder andre Merkwürdigkeiten der Crescentia abzunemmen (zu erfahren sind)*? Und was solche sind?*

Aus: Crescentia Höß – eine Kaufbeurer Klosterfrau und ihre Stadt im 18. Jahrhundert. Quellensammlung zur Ausstellung im kunsthaus kaufbeuren, hrsg. von Hilke Gesine Möller, S. 43 f.

Pater Meinrad Spieß fügte dieser Liste noch eine Schlußbemerkung an, in der er feststellte, daß er diese Fragen von Pater Eusebius Amort bekommen habe, der ihn gebeten hatte, bei der Befragung als eine Art Notar mitzuwirken. Ihm sei aufgetragen worden, *dieselbe dem H. Joseph Ruffini KunstMahler ad Respondendum* (zur Beantwortung) *zu zueschikhen. Eben diser ist es, so auf anordnung M. Crescentiae das bildnussen H. Geist zum allerersten mahl mit farben abgemahlet. Soviel mir bekannt ist, hat sich H. Ruffini mit seinem hohen Alter entschuldiget.* Joseph Ruffini, der aus Meran stammte (sein Geburtsjahr ist unbekannt), starb am 7. Februar 1749 in Augsburg.

Mit einem päpstlichen Breve *Sollicitudine nostrae* vom 1. Oktober 1745 wurde die Darstellung des Heiligen Geistes als Person verboten. Dies hinderte jedoch die weitere Verbreitung solcher Bilder keineswegs. Erinnert sei an Fresken von Matthäus Günther (z. B. in den Pfarrkirchen von Schongau und Altdorf bei Marktoberdorf), Johann Georg Bergmüller, Balthasar Riepp, Christoph Thomas Scheffler, Gottfried Bernhard Göz und vor allem an die Augsburger Kupferstecher, die bevorzugt nach Vorlagen von Göz arbeiteten.

Als im Kloster Irsee 1755 ein neues Stiftsgeläute gegossen wurde, erhielt die größte Glocke eine Darstellung der Heiligen Dreifaltigkeit in Gestalt von drei Personen. Jede Person hat ein

Szepter. Christus und Gottvater halten ein brennendes Herz. In der Mitte schwebt der Hl. Geist in jugendlichem Aussehen, mit dem Symbol der Taube auf der Brust und sieben Feuerzungen um sein Haupt, dahinter ein Dreieck als Hinweis auf die Dreieinigkeit. Unter der Dreifaltigkeitsgruppe ist die Weltkugel mit Adam und Eva dargestellt. Vermutlich entstand diese Abbildung nach einem Kupferstich von Gottfried Bernhard Göz, *Festum SS: Trinitatis.* Die schönsten Heilig-Geist-Bildchen stellte Göz her, der Crescentia wohl persönlich gekannt hat.

Als ein Dekret des *Heiligen Officiums* vom 2. April 1928 wiederum jede Darstellung des Heiligen Geistes in menschenähnlicher Gestalt verbot, ließen die Schwestern im Crescentiakloster im Gehorsam gegen die kirchlichen Oberen und wohl auch um ein eventuelles Heiligsprechungsverfahren nicht zu behindern, das Originalgemälde von Ruffini verbrennen. Erhalten blieb eine zeitgenössische Kopie aus dem Besitz des Augustiner-Chorherrn Gabriel Weber (Profeß am 3.11.1743, gest. am 7.1.1796) in Neustift bei Brixen, die später ins Crescentiakloster kam und heute in Crescentias ehemaligen Zelle hängt. Auf der Rückseite der kleinen Holztafel (15 X 20 cm) steht folgender Text:

Dies Bildlein von H. Geist!
hab ich In Lebzeiten der
Gottseel. Maria! Crescentia!
zu Kauffbeyrn Mahlen lassen,
Und hernach aus besonderen
Gnaden! der M. Crescentia!
In dero selben Zimmer!
noch in Ihrem Leben! Ein
Zeit alda behalten und
von Christo! die H. Benediction!
darauf bekommen hat. Wie
solches hernach In Stüfft (Neustift)
bericht worthen ist:
NB: desweg zu schezen ist!

Alle gehen getröstet von ihr

Wenn seit den 20er Jahren des 18. Jahrhunderts irgendwo vom Kaufbeurer Franziskanerinnenkloster die Rede war, dachte man zunächst an die rasch berühmt gewordene Schwester Crescentia Höß. Ihre außerordentliche Klugheit, die nichts Überhebliches an sich hatte, ihre liebenswürdige Art des Umgangs, ihr gewinnendes Wesen und ihre beeindruckende Persönlichkeit faszinierten alle, die ihr begegneten. *Es verlangt jedermann mit ihr zu sprechen*, berichtete die Oberin Johanna im Dezember 1726 dem Münchner Dreifaltigkeitskloster und betonte mit spürbarer Genugtuung, daß es sich um *hohe und höchste Standespersonen* handle. *Alle gehen getröstet von ihr und bekennen, daß sie wunderbar sei in ihren Reden und Antworten. Es sei kein Wort umsonst und alle gleichsam ausgedacht,* das heißt, klug überlegt.

Die Oberin wies auch darauf hin, daß Crescentia in außerordentlichem Maße der Gnade Gottes gewürdigt werde. Laut Mitteilung des Beichtvaters rede sie über theologische Fragen mit derartigem Wissen, daß dieser darüber nur staunen könne. Für ihn sei es stets ein Gewinn, wenn er mit ihr sprechen dürfe.

Ähnlich schrieb die Schwester Maria Hedwig Goglin aus dem Klarissinnenkloster Söflingen bei Ulm 1737 den Salzburger Ursulinen und erwähnte die vielen Menschen, die nach Kaufbeuren kamen, weil sie mit Crescentia sprechen wollten. *Unter 100 Personen,* heißt es da, *werden kaum etliche zu ihr vorgelassen. Sie wird ungemein überlaufen von Personen hohen und niedrigen Standes.*

Pater Pamer SJ, Crescentias Beichtvater, berichtet von ihrer *klaren und scharfen Urteilsfähigkeit bei den verworrensten Angelegenheiten und Fragen, die allen die höchste Bewunderung einflößte.*

Eine Notiz im Pfarramt St. Martin in Kaufbeuren erwähnt ebenfalls die zahlreichen Besucher: (...) *Auch ein andere Kayserin Carls VII. Glorr. Gedächtn.*(is) *damahlens noch Herzogin in*

Bayern, welche Sie öffters Persönlich heimgesucht, durch viele Stund vertreulich mit ihr geredt und mit grösten Vergnügen von ihr hingegangen. Nicht minder viel ErzBischöff, Bischöff, Fürsten, Praelaten, WeichBischöff, der Domb-Kürchen Canonici, Äbt, Graffen, Gräffinnen, Erfahrniste Closter Geistliche, Doctores, Gotts-Gelehrte so wohl weltlich, als Geistliche, von geringeren Stand aber Mann- und Weibs Personen ohne Zahl kamen zu ihr, um Corallen, Rosenkränzen, Amuleten oder anderen, von einem Priester geweihten Sachen von ihr zu erhalten, oder damit sie sich in ihr Gebett befehlenten oder aber in ihren Gewißens Ängst- und Zweiffelhaftigkeiten, in ihrem Creuz und Trangsalen Sie um Rath pflegen möchten.

Crescentia fühlte sich aber nie als etwas Besonderes. Vielmehr fürchtete sie eher, daß sie noch weit entfernt war von ihrem Vorhaben, ihr Handeln vollkommen nach dem göttlichen Willen auszurichten. Sie spürte, daß es auch im Kloster Schwestern gab, die auf sie eifersüchtig waren oder die ihr Vorbild geradezu als Belastung empfanden.

Aber auch außerhalb des Klosters gab es Leute, die sie der Scharlatanerie bezichtigten oder sich über ihre Art der Frömmigkeit erregten. So wandte sich z. B. im Jahre 1737 ein Herr Weinbach, selbst Geistlicher, mit einer Beschwerde an den Franziskanerprovinzial Benjamin Elbel. Dieser formulierte aus den Einwänden fünf Fragen und legte sie Crescentia vor, die sie sachlich, höflich, jedoch auch selbstbewußt beantwortete. Fragen, Antworten und eine abschließende Stellungnahme des Provinzials haben sich im Diözesanarchiv der Diözese Augsburg erhalten. Offensichtlich führte der Provinzial mit Crescentia ein Gespräch und teilte ihr dabei die Einwände des Herrn Weinbach im Detail mit. Die Antworten Crescentias hat er vermutlich gleich mitgeschrieben. Sein Text lautet:

So vill (ich) *mich zu erinnern weiß, bestunden die neulich von dem S. Tit. Hochwürdigen Herrn Weinbach eingeloffenen Klagen wider unsere ehrwürdige Schwester Crescentia Hößin in folgenden Zweiffels-puncten.*

1.mo Warumben selbe (M. Crescentia) *ihr von hochen Personen als Damen und Cavallieren die Händt küssen lassen?*

2.do Warumben man allhier zu Kauffbeyren den Heiligen Geist in Gestalt eines Jünglings nit allein mahlen, sondern auch in einer silbernen Statuen, und zwahr ohne Erlaubnus Celsissimi. Redmi. Ordinarii (des bischöflichen Ordinariats) *zur offentlichen Verehrung ausseze?*

3.tio Wie und wann, oder auf waß weiß (welche Art und Weise) *Christus dergleichen Sachen, als Pulver, Öll, Bilder, Rosenkränz, amulet pp.* (etc.), *Wasser, Scapulier p. weiche* (weihe)?

4.to Warumben die Closterfrauen zu Kauffbeuren sich undterstehen, so wohl getruckhte als geschribene Zöttel dem Volckh auszutheilen, von so undterschidlichen Wirckhungen bemelter geweichten Sachen? Mithin

5.to scheine dises nur aus eigenem Interesse et Turpi quaestu, als der vorgegebenen Weichung (Weihe) *Christi zu geschechen, und verdienen ad inquisitionem Redmi officii gezogen zu werden.*

Habe demnach aus tragendtem Ambt und obrigkeitlichem Gewalt iüngst bemelter unserer Ehrwürdigen Schwöster Maria Crescentia in virtute Sanctae obedientiae gebothen, si solle mir aufrichtig und getreulich über alle und yede andtwortten; welches Sie auch nit minder getreulich als gehorsamblich geleistet auf folgende Weiß andtworttend. Als (nämlich) *Ad Primum habe sie yeder Zeit ab solchem Handt Kuß einen natürlichen Grausen und Missfallen getragen, habe es yedoch offter mahlen* (oftmals) *müssen wie wohl ungerne zulassen; weilen ihr dises die Wohlehrw. Frau Mutter* (Oberin), *so darbey gestanden, nur ad redimendam vexam, weilen nemblich die Bittende nit wollten aussezen, zulassen müssen.*

Daß sie aber Ihro Hochw. Herrn Weinbach solte geandtwortet haben, sie achte es nit, wann andere hiedurch solten einige Anfechtungen spihren, wisse sie sich ganz nit zu entsinnen; seye auch Ihr disse Frag nit vorgetragen oder gesaget worden.

Ad 2dum. Seye die Aussezung der silbernen Statuen des Heiligen Geistes nit ohne Vorwissen eines Hochwürdigsten Officii Augustani geschechen, sondern vill mer von einem und anderen (dero aignen Brieff und Handschrifft ich selbsten gesechen) *Officianten eiusdem Redmi. Officii gerathen worden, sie solen*

und können mit der Aussözung bemelter Heiligen Bildnus
köckh fortfahren (absonderlich (vor allem) *wan auf das Herz*
oder Brust eine Taube solte gemacht werden, zu mehrer Er-
kantnuß, daß dise Person den Heiligen Geist vorstölle, wie es
dann heunt zu Tag geschechen) so lang und vill von einem
Hochlöblichen Officio kein widriger Befehl oder Verbott erfol-
gen würde.

Habe auch er Herrn Weinbach gemelte silberne Bildnuß gelobt
und die Andacht zu dem Heiligen Geist recommendiert.

3tium. Seye Christus der Herr ein oder andersmahl Persöhnlich
in ihre Zellen gekhommen, und auf ihr demüttigstes Bitten und
Anhalten derley Sachen mit aigner Handt benediciert, auch
ein oder das anderte Mall selbige mit dem Weichwasser, wel-
ches sie in der Zell hatte, besprengt, auch versprochen, Er wol-
le denen, so es brauchen würden, undterschidliche Gnaden er-
weisen, wie auf dem geschribenen Zöttel angemerckht worden.

Ad 4tum. Habe mann allhier niemahlen einigen getruckhten
Zöttel ausgetheilt, wohl aber einige geschribene, alldieweilen die
Leuth zu wissen verlangten, zu waß Zihl und Endt obbenambste
Sachen dieneten.

Ad 5tum. Habe weder sie, die M. Crescentia, noch auch die
Würdige Frau Mutter (Oberin) *für solche Sachen yemahlen*
waß verlangt, ia auch dem Herrn Weinbach und anderen, wel-
che waß darvor offerieren wollen, yederzeit geanndtworttet, Sie
verlangen nicht(s) darvor, sondern wollen selbige pur freywil-
lig geschenckht haben, gleichwie sie es gratis empfangen.

Seyn auch die Closterfrauen erbittig, mit authentischen Testa-
ten zu beweisen, daß sie dergleichen Offerten an Gelt oder Flax
widerumben zu ruckh geschickht, und nit niemall ange-
nohmmen. Bishero (Soweit) *die ehrwürdige Schwöster Maria*
Crescentia.

Die Stellungnahme des Provinzials, der Crescentias Ansichten
verteidigt:

Zu 1) Der Handkuß ist zukünftig verboten.

Zu 2) Der Heilige Geist ist in der Jünglingsgestalt mit einer Taube auf dem Herzen erlaubt: (...) *nit zwahr darumben, daß*
mann glauben sollte oder müste, es wäre der Heilige Geist der

Schwöster M. Crescentia in diser Gestalt erschienen, sondern weilen uns der Wahre Glauben lehret, daß der H. Geist nit minder als der Vatter und Sohn ein undterschidene Person seye, und eben darumben in Gestalt einer Mans Persohn könne repräsentieret werden, wie es dann in verschidenen Orthen schon vor mer als hundert Jahren geschehen. (Der Provinzial folgte hier also der Argumentation Crescentias.)

Zu 3) *Scheinet zwahr dise Sach oder Benediction ungewöhnlich, yedoch nit unmöglich, noch vill weniger wider den Catholischen Glauben, beforderist da wür* (… auch von anderen Seligen und Heiligen wissen, daß) *Christus eben dergleichen Sachen zum Nuzen und Trost der Gläubigen geweichet.*

Wann wür nun etwaß missen erwegen wollen die wunderbahrliche Effect und Gutthaten, welche der Allmächtige Gott in Ansechen derley geweychten Sachen denen Gläubigen erwisen, so scheinet es, der geschribene Zöttel werde genugsam beweisen, als daß die Aussag der Ehrwürdigen Schwöster Maria Crescentia verdiene nit zwahr fidem divinam, sed humanam et piam credulitatem. Zu dessen mehrere Becröfftigung habe anbey (von) *unserem Pater Beicht Vatter verschidene Attestate authentica (welche doch selbem widerumben zu restituieren demüttig bitte) überschickht, Selbe Ihro Hochwürden und Gnaden zu weisen, und lesen zu lassen.* (…)

Schließlich kam der Provinzial zu folgendem Ergebnis: Damit sich wegen der Devotionalien *kein Missbrauch einschleiche,* soll das Kloster in Zukunft *behutsam seyn, in Austheilung dergleichen Sachen oder Zöttel, auch für selbige niemahlen etwaß begehren oder annehmen.*

Kaufbeuren, den 13. Oktober 1737
Fr. Benjamin Elbel, Provinzial

Von allen Orten schreibt man ihr

Selbstverständlich konnten viele Menschen nicht persönlich nach Kaufbeuren reisen; deshalb wandten sie sich brieflich an Crescentia. *Von allen Orten schreibt man der Schwester Crescentia,* berichtete die Oberin dem Münchner Dreifaltigkeitskloster am 10. Juli 1737, *die Briefe mehren sich sehr, nur in diesem Jahr sind es schon 800, die beantwortet sein wollen. (...) Alle befehlen ihr Kreuz und Anliegen in ihr Gebet.* Eine solche Menge an Briefen konnte das kleine Kaufbeurer Kloster kaum mehr verkraften. Um den Umfang von Crescentias Briefapostolat ermessen zu können, darf man die Zahl von jährlich etwa 1500 Briefen in jener Zeit durchaus mit fünf oder zehn multiplizieren.

Hierzu: *Briefe von, an und über Crescentia von Kaufbeuren aus der Zeit 1714–1750,* hrsg. v. Johannes Gatz, Kaufbeuren 1961.

Crescentia hatte lebhafte Kontakte zu vielen benachbarten Klöstern, zu den Benediktinerabteien Irsee und Ottobeuren z. B., dann zu den Franziskanerinnen in Mindelheim, zu Maria Stern in Augsburg und den Franziskanerinnen in Dillingen an der Donau. Aber es gab auch viele Briefe aus weiter entfernten Gegenden, von Tirol, Südtirol, Vorarlberg und der Schweiz, von Salzburg und Wien, von Siebenbürgen, Böhmen und Gebieten an der polnischen Grenze.

Unter den Absendern waren viele Klosterleute, Weltpriester und etwa 70 hochadelige Persönlichkeiten, darunter die Kaiserinnen Wilhelmine Amalie und Maria Theresia von Österreich, die Kurfürstin und spätere Kaiserin Maria Amalia von Bayern, König August von Sachsen und seine Gemahlin sowie Kurfürst Clemens August von Köln. Vor allem aber wandten sich zahlreiche Frauen und Männer jeglichen Standes an Crescentia.

Die Antwortschreiben auf die eingehenden Briefe wurden zwar mit *M. Crescentia Hössin* unterzeichnet, aber nicht eigenhändig von ihr geschrieben. Selbstverständlich konnte sie schreiben, aber ihre Finger waren durch schwere körperliche Arbeit und durch Krankheit zunehmend ungelenker geworden. Es gibt nur wenige Briefe, sie datieren aus den Jahren 1710 bis

1714, deren eher ungeübte Schrift vermuten läßt, daß sie von Crescentia selbst stammen. Bei allen späteren trifft dies nicht zu, auch wenn sie von den Empfängern gelegentlich und im guten Glauben mit dem Vermerk versehen wurden, daß Crescentia persönlich sie geschrieben habe. Crescentia hat in ihren Briefen manchmal sogar selbst darauf hingewiesen, daß sie diese nicht eigenhändig geschrieben hat.

Wie in den Klöstern üblich, gab es auch im Kaufbeurer Konvent eine Schreiberin, die alle anfallenden Korrespondenzen für sämliche Schwestern erledigte und die Briefe nach Klosterbrauch mit dem Namen der jeweiligen Absenderin unterzeichnete. In Kaufbeuren war dies Schwester Anna Neth, die 1680 geboren wurde und 1697 ins Kloster eintrat.

Bei den Befragungen im Zusammenhang mit dem Seligsprechungsprozeß finden sich in den Akten, die im Augsburger Diözesanarchiv liegen, auch Aussagen über die Briefschreiberin: *Diese Klosterfrau hat geheissen Maria Anna Nettin und ist zu disem Ambt, nemlich auf die an die Crescentia eingelauffene Brieff zu antworthen, von der damahligen Oberin Johanna Altwegerin bestellet worden, wie ich es von diser nemlichen Oberin selbsten gehöret habe.* In einer anderen Stellungnahme heißt es: *Crescentia hat auch sonsten meines Wissens gar nichts geschrieben oder schrifftlich hinterlassen, und dieses weiß ich, weillen ich die ganze Zeit, alß ich im Kloster bin, niemahl etwaß gesehen, auch von andern, und benanntlich von der Würdigen Mutter Johanna gehört habe, daß die Crescentia nichts geschrieben habe. Im Gegentheil weiß ich, und hab es selbsten gesehen, daß die gottselige Crescentia oft geweinet, wenn die Marianna Nettin wider ihren Willen öffters etwas in Brieff geschrieben, an welches die Crescentia doch niemahlen gedacht hat.*

Sicherlich hat Crescentia nicht alle Antworten sorgfältig festgelegt, sondern darauf vertraut, daß sich Anna Neth nach vielen Jahren in der Lage gefühlt hat, Briefe nach Absprache in ihrem Sinne zu beantworten. Wichtige Schreiben hat Crescentia natürlich diktiert und alle wurden von ihr, wie entsprechende Korrekturen in den erhaltenen Briefen zeigen, vor dem Absenden durchgelesen. Es ist anzunehmen, daß Crescentia den jüngeren Schwestern, die für sie schrieben, den genauen Wortlaut angegeben hat.

Nach Crescentias Tod, als die Schwestern wiederholt über sie befragt wurden, vor allem im Zusammenhang mit dem Seligsprechungsprozeß, gab es immer wieder die Sorge, irgendeine briefliche Äußerung könnte gegen Crescentia ausgelegt werden, vor allem wenn es religiöse Aussagen betraf, z. B. ihre Visionen oder die Verehrung des Heiligen Geistes und den Versand von geweihten Devotionalien. Falls irgendwelche Schwierigkeiten auftraten, konnte man die Schuld daran der bald nach Crescentia, nämlich schon am 23. Mai 1744 verstorbenen Anna Neth geben, die wegen ihres Todes nicht mehr in der Lage war, etwas richtigzustellen. Zumindest ließ man in der Schwebe, ob sie nicht zum großen Kummer Crescentias dies oder jenes bewußt oder, wie bisweilen vermerkt wurde, wegen ihrer Vergeßlichkeit auch unbewußt falsch formuliert habe.

Anna Neth hat zwar die meisten Briefe Crescentias geschrieben, aber bei der Fülle an eingehenden Schreiben halfen auch andere Schwestern bei der Beantwortung, z. B. die Oberin Johanna Altwöger, die 1706 eingetretene Benedikta Bez sowie wohl auch noch die 1738 aufgenommene Gabriele Mörz. Crescentia hatte stets besonderes Vertrauen zu Anna Neth und wählte sie 1741, nachdem sie das Amt der Oberin übernommen hatte, zu ihrer Stellvertreterin (*Helfmutter*). Als sie unmittelbar vor ihrem Tod gefragt wurde, wen sie als zukünftige Oberin vorschlage, nannte sie sofort Anna Neth, weil sie überzeugt war, daß diese den Konvent in ihrem (Crescentias) Sinne weiterführen werde. Wie sehr sie die Tätigkeit Anna Neths schätzte, zeigt auch die Tatsache, daß sie auf ihre Zellentüre im Kreuzgang 1743 zum äußeren Zeichen ihres Amtes als Klosterschreiberin einen Evangelisten malen ließ. All dies wäre nicht denkbar, wenn Crescentia nicht mit der Beantwortung der Briefe durch Anna Neth einverstanden gewesen wäre, selbst wenn sie gelegentlich auch einmal andere Formulierungen gewünscht haben wird.

Die Frage, ob der Inhalt der Briefe vorwiegend von Crescentia stammt, ist deshalb so wichtig, weil die vielen erhaltenen

Schreiben eine Annäherung an sie ermöglichen. Sie spiegeln eine gescheite, lebenskluge Frau mit gesundem Menschenverstand, die in allen Fragen unkompliziert und einfühlsam zu raten wußte. Crescentia verfügte über die Fähigkeit, Probleme rasch zu erkennen und sie zweckmäßig und vernünftig zu lösen.

Dabei fällt auf, wie genau sich diese Klosterfrau, die aus einfachsten Verhältnissen stammte, nur eine geringe Schulbildung erhalten hatte und in ihrem Leben selten über die Mauern der kleinen schwäbischen Reichsstadt hinausgekommen war, auch in rechtlichen, wirtschaftlichen und politischen Fragen auskannte.

Die lange übliche Vorstellung von Crescentia als der frommen, gesundheitlich labilen und eher bemitleidenswerten Frau, die in sich zurückgezogen nur der Vervollkommnung ihrer Frömmigkeit lebte, trifft nicht zu und verfälscht die Wirklichkeit. Crescentia trennte Zeiten der Versenkung in Gebet und Betrachtung sowie Zustände der Entrückung ganz selbstverständlich von den Notwendigkeiten des Klosterlebens. Erfüllung des göttlichen Willens bedeutete für sie, zunächst den Pflichten des Alltags gerecht zu werden. Dabei war sie immer aufgeschlossen für die Nöte und Sorgen ihrer Mitmenschen. Aufmerksam registrierte sie, was im Klosterbereich, in der Stadt, im Land, in Gesellschaft und Kirche vor sich ging, und wie kaum jemand anderer kam sie mit vielfältigen Sorgen des Lebens in Berührung. Nur deshalb war sie auch in der Lage, so genau auf die Probleme in den schriftlichen Anfragen einzugehen. Natürlich gab es auch genügend Fälle, in denen sie mitteilen mußte, daß sie keine Lösung wisse und nur ihr Gebet und ihr Mitgefühl versprechen könne.

Briefe, die an sie geschickt wurden, ließ Crescentia nach der Erledigung aus Gründen der Diskretion vernichten. Sie wollte nicht, daß irgend jemand versehentlich das zu lesen bekam, was man ihr an Fragen oder Sorgen mitgeteilt hatte. Alle Schreiben, die nach Crescentias Tod noch vorhanden waren, immerhin über 800, wurden ihren Anweisungen entsprechend ebenfalls verbrannt.

Einige Beispiele sollen zeigen, wie Crescentia sich auf die jeweiligen Absender einstellte, es nicht nur bei aufrichtiger Anteilnahme und Hinweisen auf das Gebet beließ, sondern sich stets um ganz praktische Ratschläge bemühte. Sie war keine weltfremde Person, die eine ideale Welt der Harmonie oder der Frömmigkeitsidylle hinter Klostermauern suchte, vielmehr wußte sie genau, was sie wollte, und verstand es, realistisch einzuschätzen, was sich erreichen ließ und auf welche Weise. Dabei nützte sie auch ihre guten Kontakte zu einflußreichen Persönlichkeiten.

So bat sie z. B. bei Kurfürstin Maria Amalia für Baron Joseph von Bodman, den Neffen des Kemptner Fürstabts, einen *armen und von Gott mit vielen Kindern gesegneten Cavallier,* der sich *kaum mehr ohne kurfürstliche, barmherzige, hilfreiche Hand fortbringen* könne. Geschickt verwies sie auf seine Verbindung zur Familie Maria Amaliens und erwähnte, daß der Baron bereits Kaiser Joseph I., dem Vater der Kurfürstin, gedient habe. Schon deshalb sei er der Gnade und Hilfe des kurfürstlichen Hauses wert. Aber Crescentia wußte nicht nur gute Argumente für ihr Anliegen, sondern hatte auch gleich einen konkreten Vorschlag bei der Hand: Der Baron könnte doch die Pension bekommen, die sein verstorbener Bruder von den Hochstiften Augsburg und Freising erhalten hat. Mit dieser zweckmäßigen Lösung wäre ein beständiges Einkommen für ihn gesichert.

Im März 1741 schrieb ihr die Oberamtmänin von Irsee, Frau Maria Theresia Koeglin, wegen seelischer Skrupel ihrer Mutter. Diese lebte in der Vorstellung, daß sie unwürdig gebeichtet habe und seitdem im Stande der Todsünde lebe. Crescentia verurteilte religiöse Skrupel schon im Hinblick auf die Gnade und Güte Gottes, sie war sich aber auch bewußt, daß alles Grübeln zwecklos bleibt und höchstens noch größere Sorgen verursacht. *Man wendet die Zeit damit übel an,* meinte sie, und versäume obendrein noch viel Gutes. Der Mutter ließ sie mitteilen, daß sie, Crescentia, alle Schuld, falls jemals eine solche überhaupt bestanden haben sollte, auf sich nehmen und für alle Sünden *gutstehen* werde. Am Schluß faßte sie ihren liebevollen Trost zusammen: *Besonders bitte ich die Frau Mutter noch, sie solle nicht mehr weinen, sondern fröhlich sein in Gott, der uns mit ewiger Liebe liebt.*

Verständlicherweise gab es zahlreiche Briefe mit Fragen zu religiösen Anliegen. Wiederholt wollte man von ihr wissen, ob bestimmte Leute zum Priester- oder Ordensleben berufen seien. Abgesehen davon, daß sie weder Orakel noch bequeme Auskunftei sein wollte und konnte, antwortete sie als erfahrene Novizenmeisterin, die derartige Fragen an den Beichtvater und Seelenführer weiterreichte. Energisch riet sie jedoch von geistlichen Berufen ab, wenn sie den Eindruck hatte, daß fromme Wünsche ehrgeiziger Eltern oder der Gedanke an eine bequeme Versorgung den Anlaß für die Entscheidung eines gehorsamen oder unterdrückten Kindes bilden könnte. So jemand, befahl sie, dürfe nicht *zum geistlichen Stand verleitet* werden. Sie wußte, welch hohe Anforderungen das Klosterleben stellte und eine andere Art der Selbstverwirklichung voraussetzte als das Leben in der Welt.

Einem Primizianten aus dem Jesuitenorden, der von ihr den besten Weg zu seiner Vollkommenheit erfahren wollte, riet sie zur *Selbstverleugnung,* zur *rechten Demut* und zum *vollkommenen Gehorsam.* Sie bat ihn, im Beichtstuhl mit den Sündern *liebreich und mitleidig* umzugehen und vor allem das, *was man in der Predigt gelehrt hat,* selbst im Leben zu tun.

Oft genug hatte sie gemerkt, daß Männer leicht zu Empfindsamkeit und Empfindlichkeit neigen, und sie reagierte dann auch entsprechend. Als der Augsburger Domdekan Gerhard Wilhelm von Dolberg über Erkältung, hartnäckigen Husten und Schnupfen klagte, schrieb sie ihm am 1. April 1739 resolut, daß sie seine Unpäßlichkeit zwar bedauere, aber jetzt im Frühjahr sei Ursache genug zu Katarrh und anderen Beschwerlichkeiten gegeben. *Euer Hochwürden und Gnaden wollen sich zu dieser noch ungesunden Zeit vor Kälte und Zugluft wohl verwahrt halten; es ist eine ungesunde Zeit, bis der warme Frühling kommt, dann wird sich das Wohlsein von selbst geben.*

Es ist verständlich, daß sich Frauen immer wieder bei Ehe-problemen an Crescentia wandten. Sie nahm diese Sorgen ernst und räumte ein, daß dies *freilich ein großes Kreuz* sei, rea-gierte aber stets überaus zurückhaltend. Irgendwelche Aus-künfte über den Ehemann oder gar dessen Verurteilung lehn-te sie rundweg ab. Vor allem vermied sie es, Schiedsrichterin zwischen den Eheleuten zu spielen. Auf einen diesbezügli-chen Brief vom August 1741 antwortete sie: *Daß Ihr Haus-kreuz noch immer beim alten ist und kein Friede in der Ehe, das bedaure ich wohl, ist freilich ein großes Kreuz, und man weiß nicht zu helfen. Befehlen Sie es dem lieben Gott an, der ein Gott der Liebe und des Friedens ist und auch alle Herzen in seiner Gewalt hat. Haben Sie Geduld, meine liebe Frau, und schweigen Sie! Ertragen Sie, was Sie können, und zwar Gott zu-liebe. Gedenken Sie, daß Sie es Gott zuliebe und Ehren tun wol-len, dann hat Gott ein großes Wohlgefallen daran und er gibt oftmals dafür eine große Gnade. Ich will fleißig für Sie beten. (...) Gott stärke Sie und gebe Ihnen Geduld. Es ist sicher, daß Sie durch das geduldige Ertragen mehr ausrichten und das Herz Ihres Herrn* (Ehemanns) *leichter bewegen, als mit Zu-sprechen und anderem. Bitten Sie aber Gott beständig, er wol-le sein Gemüt zu einer friedlichen Ehe bewegen.* Im April 1742 mahnte sie im gleichen Fall wiederum zur Geduld und hielt *beten, leiden und schweigen, was zu schweigen ist* für ver-nünftiger, als rechthaberische, lautstarke, aber dennoch nutz-lose Auseinandersetzungen.

Von zahlreichen Klöstern kamen Anfragen und Bitten um Rat-schläge. Die tatkräftige und energische Oberin M. Aloysia Er-locherin im Dillinger Franziskanerinnenkloster wußte 1735 nicht mehr, wie sie wegen des dringend benötigten Neubaus der Klosterkirche entscheiden sollte. Der Platz dafür stand im rechten Winkel zur Pfarrkirche, und der Dillinger Stadtpfarrer war in Sorge, die Kirchgänger könnten in Zukunft vermehrt den Gottesdienst bei den Schwestern besuchen und, dies be-unruhigte ihn offensichtlich am meisten, dort ihr Scherflein in den Klingelbeutel werfen. Er versuchte mit allen Mitteln den Kirchenbau zu verhindern und beklagte sich deshalb sogar beim Ordinariat, die Oberin jedoch ebenso, und in solchen komplizierten Situationen wandte man sich eben an Crescentia. Ihre Antwort erfolgte postwendend, und sie ist bezeichnend für Crescentias praktisches und vernünftiges Denken: Natürlich, meinte sie, ist Gottvertrauen die notwendige Grundlage allen Handelns. Aber dann darf man die Hände nicht einfach in den Schoß legen und bequem abwarten, was Gott nun vorhat und bewirkt, sondern man muß sich selbst mit allen Mitteln einsetzen und mit gesundem Selbstbewußtsein entschlossen handeln. Ebenso sachlich wie entschieden faßte sie ihren Rat zusammen: *Daß sich Schwierigkeiten zeigen, ist wohl zu glauben. Es gibt immer Gegner, und es gibt auch keinen Sieg ohne Streit. Das Gute muß allezeit erstritten werden. Haben Sie Vertrauen auf Gott, er wird Ihnen gewiß gute Fürsprecher schicken.*

Ähnlich formulierte sie im Juni 1741, als sie die Ursulinen in Salzburg dazu ermutigte, ein geplantes Vorhaben trotz aller Widerstände auszuführen: *Daß es gar keinen Streit und keine Anfechtung geben sollte, das kann nicht sein, denn das menschliche Leben ist ein Streit.*

So äußerte sich nicht eine Klosterfrau, die fast traumwandlerisch nur ihrer Frömmigkeit lebte, sondern eine energische Frau, die das Leben kannte und sich zu behaupten wußte.

Seelenführerin und politische Beraterin

Viele hochgestellte und einflußreiche Persönlichkeiten baten Crescentia nicht nur in religiösen Anliegen um ihren Rat, sondern auch bei politischen Problemen. Dies war der Fall bei dem schwierigen Nachfolgestreit im Kemptner Benediktinerstift.

Der Kemptner Nachfolgestreit

Erste Kontakte zwischen dem Kaufbeurer Franziskanerinnenkloster und der mächtigen Reichsabtei in Kempten hatten sich bereits 1721 ergeben. Damals gewährten die Schwestern den katholischen Ratsherren Kaufbeurens ein Darlehen. Die Räte weigerten sich, einen ordnungsgemäßen Schuldschein mit Angabe der entsprechenden Zinsen auszustellen. In dieser Situation sah die Oberin keine Möglichkeit, wie das Kloster zu seinem Recht kommen sollte. Crescentia hingegen handelte ganz entschieden. In Begleitung einer Mitschwester ging sie zu Fürstabt Rupert II. von Bodman, der damals auf Schloß Fürstenlust in Wagegg bei Haldenwang seinen Sommerurlaub verbrachte. Sie beschrieb ihm die Situation des Klosters und bat ihn, den Fall durch seinen Kanzler in Kempten regeln zu lassen.
Rupert II. stimmte zu. Die Oberin Johanna bedankte sich für die *so große Gnad und Wohlgewogenheit* und versprach, sie *werde beflissen sein, mit meinen Schwestern bey dem großen Gott umb Euer Hochfürstl. Gnaden höchst beglückbte und langwä(h)rige Regierung zue bitten.* Zugleich kündigte sie ein kleines Geschenk an: *Es seint mir auch diese wenigen, geringen Fischlein zue Handen kommen, welche bitte demüthig belieben zue lassen und nit zue verschmähen.*
Die Kaufbeurer Ratsherren reagierten nur zögernd, so daß im Frühjahr 1722 dem Kloster bereits zwei Zinszahlungen fehl-

ten. Auf Crescentias Rat hin wandte sich die Oberin nochmals an den Fürstabt und bat in einem undatierten Brief, dem auch ein Schreiben Crescentias beilag, das allerdings nicht erhalten blieb, *ganz demütig und fueßfällig,* daß *Euer Hochfürstl. Gnaden doch so gnädig und väterlich sein wollen, allhiesigen Magistrat an*(zu)*befehlen, daß man unß von*(der) *Stadt eine Versicherung* (Schuldverschreibung) *soll geben und die verfallene Zins.*

Der Fürstabt ließ den Fall nun endgültig und zur Zufriedenheit des Klosters regeln.

Bei den verschiedenen Verhandlungen hatte Rupert II. Crescentia als so vernünftige und kluge Frau kennengelernt, daß er nun seinerseits ihren Rat suchte. Er, der *hochwürdigste, des Heiligen Römischen Reiches Fürst und Herr, Abt des hochfürstlichen Stiftes Kempten, Ihrer Majestät und regierenden Kaiserin beständiger Erzmarschall,* wie sein offizieller Titel lautete, schrieb an die einfache Klosterfrau in Kaufbeuren und bat sie um Rat in einer heiklen Situation. Es handelte sich um einen Konflikt zwischen ihm und seinem Konvent, der bereits riesige Prozeßkosten verursacht hatte und das Ansehen des Stifts beeinträchtigte.

Ursache der Auseinandersetzungen war, daß der Fürstabt von sich aus den Dekan Adalbert von Falkenstein zu seinem Coadjutor mit dem Recht auf Nachfolge ernannt hatte, obwohl der Konvent wie in jedem Kloster das Recht auf freie Abtwahl besaß und als Coadjutor und Nachfolger den Freiherrn von Reichlin-Meldegg

Coadjutor: Stellvertreter eines Bischofs oder Abtes, meist mit dem Recht auf Nachfolge.

wünschte. Vergeblich hatten Papst und Kaiser versucht, durch gute Worte, strenge Ermahnungen und Kompromißvorschläge eine sinnvolle Lösung herbeizuführen.

Crescentia wußte, wie verfahren die Situation war und wie wenig die gegnerischen Parteien geneigt waren, in dem Streit nachzugeben. Offensichtlich hatte sie dem Fürstabt ihre Ansicht zur Lösung des Falles dem Brief der Oberin an Rupert II. beigelegt und dabei vermutlich ihre Meinung eher zurückhaltend formuliert; wie sollte auch eine einfache Klosterfrau einem hohen Herrn Weisungen erteilen. Jedenfalls fragte dieser nochmals bei ihr an, und ihr Antwortschreiben vom 13. März 1722, das erhalten blieb, ließ nun an Deutlichkeit nichts mehr zu wünschen übrig. Klugerweise stellte sie ihre Person ganz in den Hintergrund und betonte, daß sie hier nicht ihre Meinung äußere, sondern das schreibe, was sie im Gebet von Gott erfragt habe. Dies fiel jedoch nicht so aus, wie der Fürstabt wohl erwartet hatte, nämlich ein Vorschlag zur Regelung in seinem Sinn. Vielmehr trat Crescentia ohne Einschränkung für die Einhaltung der rechtlichen Bestimmungen ein. Allerdings betonte sie, daß sie nicht ihre Meinung äußere, sondern nur das wiedergebe, was Gott ihr im Gebet mitgeteilt habe.

Auß Gehorsam (gegen) *meine Oberen habe ich Unwürdtige bey der göttlichen Guetigkeit Euer Hochfürstlichen Gnaden nochmahlen gnädig Seinen hl. Willen zu eröffnen gebetten. So hat mir die göttliche Lieb geantworttet folgende Wortt: Ich verändere meine Sinn und Willen nit so leichtlich wiederumb alß wie die Menschen, sondern waß ich gered*(et) *und ihm schreiben laßen, das red ich noch und wird mein unveränderlicher Will seyn; daß er soll Fürst bleiben bis daß ich komm* (also bis zum Ende seines Lebens)*. Und wenn ich alsdann komme: so soll ein Fürst durch die freye Wahl und nit anderst erwöhlt werden, damit es wiederumb zue der vorigen* (nachträglich eingefügt:) *klösterlichen Disciplin komme.*

Psychologisch geschickt erleichterte Crescentia dem Fürstabt die Zustimmung zu ihrem Rat durch den Hinweis auf die Freiwilligkeit seiner Entscheidung und die Aussicht auf reichlichen Lohn im Jenseits. Andererseits versäumte sie aber nicht, auf die Schwierigkeiten hinzuweisen, die beim plötzlichen Tod des Fürstabts im Jenseits zu erwarten waren.

Wenn er (Rupert II.) *je alsdann einen Coadjutor will haben, so ist es auf keine andere Weis mein Will alß daß er durch die freye Wahl soll erwöhlt werden.*

Dieses wäre auch mein Will, daß er entweder mündtlich oder schriftlich mit unparteyischen Zeugen soll hinderlaßen, daß es seyn letzter Willen sei, daß nach seinem Hintritt (Tod) *solle ein Fürst durch die freye Wahl erwöhlt werden. Wenn er diesen Akt wird yben und meinen Willen erfüllen, so würde ich ihm ein*

solche Belohnung geben, daß seyn Lohn würdt groß, ja über-
groß seyn in dem Himmel. Wurde ihm auch zue disem meine
Gnaden und Stärkhe reichlich mittheilen.

Bemerkenswert ist, wie kompromißlos Crescentia auf die Einhaltung der Rechtsvorschriften drängte und nicht zögerte, dem
mächtigen Fürstabt, auf dessen Wohlwollen und Unterstützung
das Kloster damals wegen der Regelung der Darlehensfrage
mit den katholischen Kaufbeurer Ratsherren angewiesen war,
deutlich zu machen, daß er sich eindeutig im Unrecht befand.
Trotz der klaren Rechtslage ließ sie ihm jedoch die Entschei-
dungsfreiheit, die es ihm leichter machen sollte, den einzig
richtigen Entschluß zu finden. Deshalb betonte sie am Schluß
nochmals: *Doch aber bleibt es wie ich* (gemeint ist Gott, der
Crescentia die Auskunft erteilt hatte) *schon in dem Ersten
gemerkt* (geäußert habe), *daß ich es seinem freyen Willen yber-
lasse.*

Dieses seynt also die Wort, schrieb Crescentia am Ende ihres
Briefes, *die mir mein Geliebter zur Antwortt gegeben und* (die)
*ich aus hl. Gehorsam nach Ihro hochfürstlichen Gnaden Be-
gehren auch yberschreibe. Ich wünsche und bitte den Höchsten, daß seyn heiliger Willen in allen Menschen möge erfült
werden, damit alle vollkommen werden, gleichwie der himmlische Vatter vollkommen ist, und unser höchster Gott recht geehrt und die Menschen Gnad und ihr ewiges Hayl dardurch
erlangen. Womit Euer Hochfürstlichen Gnaden mich aller-
demütigist befehle und in dem Schutz des Allerhöchsten verbleibe.*

So klar, eindeutig und auf Gott bezogen hatte dem Fürstabt
bisher vermutlich kaum jemand die Meinung gesagt. Kein
Wunder, daß dieser von dem Brief zunächst wenig angetan
war. Er besprach sich deshalb mit seinem langjährigen vertrauten Berater, dem klugen und kritischen Benediktbeurer
Benediktinerpater Karl Meichelbeck, der sich gerade in Kempten aufhielt, wo er zum Geistlichen Rat ernannt worden war.
Rupert II. bat den Pater, auf der Rückreise nach Freising Crescentia zu besuchen und ihm dann seinen Eindruck von der
Kaufbeurer Klosterfrau mitzuteilen.

In Kaufbeuren wandte sich Pater Karl Meichelbeck zunächst an Pater Ignatius Lieb SJ, der von 1719 bis zu seinem Tod am 2. August 1725 Beichtvater im Franziskanerinnenkloster war. Dieser rühmte Crescentia *über alle Maßen.* Anschließend sprach Meichelbeck, wie er im Tagebuch notierte, *mit der außerordentlich frommen Schwester* (Crescentia), *die, obwohl sie in entrücktem Zustand war, von ihrer Oberin zu mir gerufen wurde. Sie sagte, daß es der feste und entschlossene Wille Gottes sei, daß der Fürstabt sich seinem* (Gottes) *Willen fügt, der von der Schwester im Brief zum Ausdruck gekommen ist. Sie geht mit mir ein geistliches Bündnis* (Gebetsverbindung) *ein, worüber ich mich besonders freue. Sie hat hinzugefügt, daß es gut gewesen wäre, wenn ich länger beim Fürstabt geblieben wäre.* Pater Karl Meichelbeck war von Crescentia außerordentlich beeindruckt und bedauerte, daß er sie erst jetzt kennengelernt habe.

Unverzüglich teilte er dem Fürstabt seine Meinung mit, und dieser war nun nach langem Zögern endlich dazu bereit, einem Vermittlungsvorschlag zuzustimmen. Schon wenige Tage später lud er den Sprecher der Gegenpartei zu einer Spazierfahrt ein und bahnte damit die Versöhnung an.

Anfang 1723 konnte nach den langen Auseinandersetzungen der Friede zwischen Fürstabt und Konvent wiederhergestellt werden. In Anwesenheit eines päpstlichen Legaten und eines kaiserlichen Gesandten wurde am 3. September 1723 der neue Coadjutor gewählt. Beim ersten Wahlgang erhielt der Kandidat des Konvents, Freiherr von Reichlin-Meldegg, nur die einfache Mehrheit. Beim zweiten Wahlgang entfielen auf ihn zwölf Stimmen, während der Dekan Adalbert von Falkenstein nur vier Stimmen erhielt.

Nach dem Tod Ruperts II. im Jahre 1728 wurde Freiherr von Reichlin-Meldegg ein würdiger und außerordentlich tüchtiger Nachfolger. Unter ihm statteten der Wessobrunner Stukkator Johann Georg Üblhör und der Kemptner Hofmaler Franz Georg Hermann die Kemptner Fürstenzimmer aus.

Die bayerische Kurfürstin Maria Amalia

Zu den Ratsuchenden gehörte auch die bayerische Kurfürstin und spätere Kaiserin Maria Amalia, deren Beziehungen zu Crescentia besonders vertrauensvoll gewesen sind. Sie schrieb mehrmals an Crescentia und reiste zwischen 1731 und 1737 viermal zu ihr nach Kaufbeuren.

Maria Amalia, am 22. Oktober 1701 als zweite Tochter Kaiser Josephs I. geboren, wurde am 25. September 1722 mit dem 25jährigen bayerischen Kurprinzen Karl Albrecht vermählt, und am 17. Oktober zog das junge Paar in München ein. 1726 folgte Karl Albrecht seinem Vater Max Emanuel als Kurfürst von Bayern.

Die Eheschließung mit Maria Amalia war rein dynastisch bedingt. Karl Albrecht mußte auf jegliche Erbansprüche verzichten, die sich aus der Heirat ergeben könnten. Der Münchner Hof glaubte jedoch, daß seine Ansprüche durch einen Ehevertrag von 1546 zwischen Herzog Albrecht V. und Anna, der ältesten Tochter König Ferdinands I., hinreichend gewährleistet waren. Das entscheidende Dokument sicherte jedoch die Nachfolge für Bayern nur, wenn es überhaupt keine leiblichen Nachkommen gab, nicht nur keine Söhne.

Karl Albrecht war leutselig, liebenswert, leicht und viel beweglich, zumal in Liebesangelegenheiten. Probst Franz Töpsl von Polling z. B. notierte am 20. Januar 1745, als er vom Tod Karl Albrechts hörte: *Ein zweiter Salomon an Klugheit und Weisheit, aber auch an Leidenschaft für die Frauen, die sein Herz verführten. Hätte er diesen Fehler nicht gehabt, dann wäre er sicher keinem anderen Herrscher nachgestanden.*

In den Jahren 1724 und 1725 brachte die Kurfürstin jeweils eine Tochter zur Welt; erst 1727 folgte dann der ersehnte Kurprinz, Max Joseph, der später den Beinamen *der Vielgeliebte* erhielt und zu den großen Verehrern Crescentias gehörte.

Zunächst hatte sich die Kurfürstin in religiösen Anliegen an das ihr vertraute Kloster der Karmelitinnen in München gewandt. Nach dem Tod von Maria Anna Josepha Lindmayr am 6. Dezember 1726 übertrug sie ihr Vertrauen und ihre Hoffnungen auf Crescentia und erbat immer wieder ihren Rat und ihr Gebet. Worum es sich in den Gesprächen und in den Briefen gehandelt hat, läßt sich wenigstens andeutungsweise aus Crescentias Briefen erschließen sowie aus den Briefen, die von der Oberin Johanna ans Münchner Dreifaltigkeitskloster geschrieben wurden. In ihnen ist mehrmals die Rede vom Gebet Crescentias für die Kurfürstin, damit *Gott sie stärken und ihr helfen möge.*

Die großen Sorgen der Kurfürstin betrafen die politische Entwicklung des Verhältnisses zwischen Bayern und Österreich wegen der Erbfrage in Österreich und vor allem wegen der Kaiserwürde.

Als der 33jährige Kaiser Joseph I., der Vater Maria Amaliens, 1711 plötzlich an Pocken starb, wurde sein Bruder, der 26jährige Karl VI., sein Nachfolger. Bereits nach zwei Jahren, 1713, erklärte er in der *Pragmatischen Sanktion* seine Länder für unteilbar und bestimmte, daß im Falle des Aussterbens der männlichen Erben auch die Töchter nachfolgeberechtigt seien. Er war damals noch kinderlos. Sein im April 1716 geborener Sohn Leopold starb schon mit knapp sieben Monaten. Am 13. Mai 1717 wurde Maria Theresia geboren. 1718 und 1724 folgten noch zwei weitere Töchter: Maria Anna und Maria Amalie.

Durch intensive diplomatische Aktivitäten und großzügige Zugeständnisse erreichte Karl VI. zwischen 1720 und 1738, daß alle maßgeblichen Staaten dieses Erbfolgerecht, das sich mittlerweile mangels männlicher Erben notwendigerweise auf Maria Theresia bezog, anerkannten, ausgenommen Bayern unter Karl Albrecht. Dieser verweigerte 1731 ausdrücklich *die Garantie oder Gewehrung der österreichischen Sanctionis Pragmaticae.*

Seine Gemahlin, die Kurfürstin Maria Amalia, stand also zwischen den verfeindeten Staaten und konnte, wie natürlich auch jeder aufmerksame Beobachter, die zukünftige Entwicklung unschwer voraussehen. Ebenso wie die Kurfürstin war auch Crescentia der Ansicht, daß sich der Kurfürst an die Vereinbarung bei seiner Hochzeit halten müsse und die Kaiserwürde nicht anstreben dürfe. Bezeichnenderweise fuhr Maria Amalia in diesem Jahr zu ihrem ersten Gespräch mit Crescentia nach

Kaufbeuren; bis 1737 folgten noch mindestens drei weitere Besuche. Über den ersten berichtete die Oberin dem Dreifaltigkeitskloster: *Den 4. des Monats* (Juni) *ist Ihre Durchlaucht, die Kurfürstin, zu uns hieher gekommen. Das ist für unser Klösterlein eine große Gnade gewesen. Die Zeit aber, als sie hier war, hat sie meistens mit der Schwester M. Crescentia geredet und ist ihr in ihrem schlechten Zellelein zu ihrem Bettlein auf das Trüchele hingesessen.*

Die Klosterchronik erzählt von dem Besuch selbstverständlich weit genauer. Anschaulich werden die Details geschildert. Die Kurfürstin hatte dem Klosterbeichtvater ihr Vorhaben schon vorher angekündigt, doch durfte er die Schwestern erst am Reisetag selbst informieren, um Aufsehen in der Stadt und Aufregung im Kloster zu vermeiden und den Schwestern keine unnötige Arbeit zu machen:

Anno 1731 den 5. Juny seint Ihro Durchl. die Churfürstin aus Bayern Maria Amaliae, eine kayserliche Prinzessin, von Ihro May. Josepho sel. Gedächtnus bey uns gewest, unsere liebe Schwester Maria Crescentia Hössin zue besuchen, und mit ihr zue reden. Sie hat in aller Still wollen kommen, undt ihr P. Beichtvater P. R. Jo. Ignaty hat es unserm P. Beichtvater Ortholphy Lohner (Ortulph Lachner, von 1725 bis 1731 Klosterbeichtvater) *geschriben. Daß wür geringstes Wissen nit gehabt bis an dem Morgen nach 4 Uhr. wie wür ihm Chor gewest, ist ein Wagen kommen, so Speis und Trank, sambt dem Geschir* (r) *gefibrt. wie auch 3 Köch, welche alls beraith haben. Nach 9 Uhr ist die Durchl. Churfürstin, mit Ihro Excellenz Herrn Graf Preising und der gn.* (ädigen) *Frewlen Hofmaisterin der Hofdamen ankommen, auch ihro Durchl.* (aucht), *H. P. Beichtvater Ignatius Stauffert und der Her Controlor* (Haushofmeister) *Franz Christoph Hieber allein, sonsten hate sie niemand bey ihr als einen Edelknaben. So bald als die Churfürstin ausgestigen, ist sie erstens in die Kürchen gangen und hat 2 heyl. Messen angehört, nach disem ist sie gleich zue der Schw. Maria Crescentia in ihre Cell gegangen und* (hat) *mit ihr geredt bey 2 Stundt; wie sie von ihr gangen, so hat sie gleich gespeist, ist zur Tafel gegangen in unserm Refectorio nur alleinig, mit Ihro gräfl. Ex-*

cellenz von Preysing und der Freyle Hofmaisterin, der P. Beicht-
vater der Churfürstin wie auch R. P. Superior allhier P. Chri-
stophorus Widemann, undt unser P. Beichtvater wie auch un-
sere würdige Muetter Schw(ester) Maria Joanna Altwöggerin,
Schw. Maria Anna Nethin, die seint bey dem Tisch herunden
gewest und auf gewartet. Auf dem Tisch ware ein silberner
großer Schwenckkösl stehent, auch ein anderes Geschür, in wel-
chem frisch Wasser ware, so alles von Silber ware, in welchen
2 Hänlein wie in einem Gießfaß waren, aus disem laste man
das Wasser heraus in ein klein Gläsl und stellte es Ihro Durchl.
zue ihrem Gläsl Wein. Die Thäller waren alles von Silber, wie
auch einige Schüßsl, der Herr Controlor tragte alle Speisen auf,
und name sie mehr (wieder) hinweg von der Tafel. Wie die
Churfürstin gar gespeist, ist sie noch ein mahl hinauf in un-
sern Chor gangen, und in der Schw. Maria Crescentia ihren
Betstuehl, worauf noch eine kleine Weihl mit ihr in die Cellen.
Darauf ist sie gleich abgeraist, ist nit mehr in das Refectorium
gangen, sondern (hat) sich der Schw. M. Crescentia und an-
deren in das Gebet befohlen. Bey dem Abschied haben die
Schwestern alle die Mäntel angehabt, und Ihro Durchl. die
Handt küst; auch wie sie ist herein gefahren in den Hof, haben
die Schwestern die Mäntl angehabt und alle an einer Seyten
nach einander gestanden im Hof bey dem Schöpfbronnen,
auch die Herren Jesuiter; der H: P: Beichtvater Ihro Durchl. der
Churfürstin hat es also angeordnet, man knye nit nider, aber
die Händ solle man ihr küssen. Und so sie herein fahren thue,
müsse man die Mäntl haben und wan sie abraise. Sie ist all-
hier abgeraist gegen 2 Uhr auf das Lechfeldt zue (...) und ist 1
Viertel nach 4 Uhr schon alldort gewest. Nach der Abrais aber,
so haben erst wür zue Mittag gespeist, Ihro Hochwürden der
Churfürstin P. Beichtvater, der P. Superior, unser P. Beichtva-
ter alle Soc.(ietatis) Jesu und wir sambentlich der ganze Con-
vent, undt der gestrenge Herr Hieber Controlor, so gar ein gu-
ter Freundt zue uns, der Churfürstin Köch haben müeßen ko-
chen, das Closter hat keine Mühe noch Unkosten gehabt, sie
haben alles mit gebracht und der Herr Hieber alles trewlich be-
zahlt; was sie von Speisen gehabt, Wein etc., alles hat der Herr

dem Convent gelassen, was ein jede Schwester vor ein Wein ver-
langt, Burgunder, R(h)*ein, oder Tyroller Wein ist ihr gegeben*
worden, Gott vergelte alles. Nach 5 Uhr darauf so ist R.P. Beicht-
vater der Churfürstin wie auch der H. Controlor Hieber, der
Mundkoch, und die andere abgeraist, seint alle gar wacker
undt eingezogne (vornehme, zurückhaltende) *Leut gewest, wel-*
che alles Guetes uns gethan und mit Freyden hinderlassen ha-
ben, was ist ybrig verblieben. Haben auch gesagt, sie haben
schon so vihl von disem glickseligen Closter gehört, und sich er-
freyt daher zue kommen, mit ihrer gnädigsten Fürstin, aber al-
le gebetten die Schw. Maria Crescentia zu sehen, und sich in
ihr Gebet befohlen. Sie ist auch zue disen in die Kuchen gangen,
und sie mit eim Bildel zue einem geistlichen Angedenken ver-
ehrt, welches sie mit einer großen Andacht von ihr empfangen.
Crescentia sah die Gefahren, die sich aus dem ehrgeizigen
Machtstreben des Kurfürsten ergeben würden und versprach in
einem Brief vom 23. Oktober 1732 ihr besonderes Gebet, Gott
wolle auch *Ihro Durchlaucht Herrn Gemahl erleuchten in*
allem, daß nichts Gott Mißfälliges von selbem geschehe, und der
Finger der gerechten Hand Gottes, der Heilige Geist, dessen Herz
berühre, daß alle Ungerechtigkeit abgeschafft und hinfüro
mit aller Gottseligkeit und Heiligkeit dem ganzen Land
vor(ge)*gangen werde, alles zu der größten Ehr und Glorie Gott-*
es, (zu) *Euer Durchlaucht, unserer gnädigsten Frau Trost und*
Seelenvergnügen, zum Heil und zur Wohlfahrt des ganzen Chur-
bayerischen Churfürstlichen Hauses und aller Untertanen.
Bezeichnenderweise findet sich hier wieder Crescentias Forderung nach Gerechtigkeit, die sie für so außerordentlich wichtig hielt, nicht nur für Staatsmänner. Ihr beständiges Anliegen
blieb die gerechte Behandlung der Untertanen, eine Forderung,
die sie wohl schon von ihrem Vater übernommen hatte.
Das Briefgespräch zwischen Crescentia und Maria Amalia befaßte sich neben den politischen Ereignissen auch mit Anliegen des Alltags. Da das Verhältnis zwischen der Kurfürstin und
ihrem Gemahl zunehmend unter den politischen Spannungen
litt, riet Crescentia ihr, alle Anlässe für mögliche Schwierigkeiten zu vermeiden. So hielt sie es z. B. für unklug, einen Beicht-

vater zu wählen, der dem Kurfürsten nicht genehm war. *Weil Ihro Churfürstliche Durchlaucht den P. Weinberger nicht will,* schrieb sie am 1. Oktober 1737, *so wollen es auch Ihro Durchlaucht, meine gnädigste Frau, nicht. Und mit diesem ergeben wir uns einig* (gänzlich) *dem lieben Gott, an dem wir gar nicht zweifeln wollen, als der allerweiseste Gott, daß er als unser gütigster Vater gewiß werde denjenigen zukommen lassen, der tauglich sein wird.*

Als Crescentia im Herbst 1738 erfuhr, daß die Kurfürstin guter Hoffnung war und aus dynastischen Gründen so sehr einen Sohn wünschte, der dann einmal die Nachfolge seines Onkels, des Kurfürsten Clemens August in Köln, antreten konnte, versprach sie am 4. Oktober ihr Gebet. Allerdings schränkte sie allzu große Hoffnungen auf einen Buben gleich ein: Man müsse es schließlich schon Gott überlassen, was er *schicken wird. Denn wenn wir seinen heiligen Willen erfüllen, so haben wir alles wohl getan.*

Nach dem Tod des zweitgeborenen, fünfjährigen Prinzen Joseph Ludwig Leopold am 2. Dezember 1733 schrieb Crescentia der Kurfürstin am 9. Dezember 1733 einen langen, tröstlichen Brief: *Freuen Sie sich,* heißt es da, *daß er dieses ungestüme Weltmeer, wo nichts als lauter Wellen, die verschiedensten Widerwärtigkeiten, die zusammenschlagen, glücklich durchschifft hat. Anstatt des kurfürstlichen Hofes genießt er den himmlischen Hof, und für alle Güter und Herrlichkeiten dieser Welt besitzt er Gott und wird gewiß seiner allerdurchlauchtigsten Frau Mutter gedenken und viele Gnaden vom großen Gott erbitten.*

Der Einfluß der Jesuiten auf Crescentia zeigt sich in ihren Briefen nicht nur in den wiederholten Hinweisen auf die Übereinstimmung mit Gottes Willen, sondern auch bei ihren Bildern und Vergleichen. Den Hinweis auf die ungestümen Wellen des Weltmeeres z. B. hatte sie einer Predigt vom September 1731 für den verstorbenen Irseer Abt Willibald Grindl entnommen, die ein Pater des Kaufbeurer Jesuitenkollegs, vermutlich P. Kaspar Mändl, in Irsee gehalten hatte und die in Kaufbeuren gedruckt worden war.

Mit dem Hinweis auf die *Kreuzschuel,* durch die uns der Himmel zur *Seligkeit führen will,* zitierte Crescentia den Titel eines Traktats, den der Münchner Hofprediger und Jesuitenpater Jeremias Drexel in den 30er Jahren des 17. Jahrhunderts veröffentlicht hatte. Drexels Schriften waren im Kaufbeurer Kolleg vorhanden und dadurch wohl auch Crescentia bekannt.

Als Kaiser Karl VI. am 20. Oktober 1740 starb, beeilte sich Karl Albrecht, gegen den Regierungsantritt Maria Theresias *feyerlichst zu protestieren,* unter anderem mit dem ausdrücklichen Hinweis auf die Erbansprüche seiner Gemahlin. Kriegsgefahr drohte, und Crescentia versprach Ende 1741 der Kurfürstin ihr inständiges Gebet um Frieden zwischen Bayern und Österreich und um eine glückliche Lösung der Kaiserfrage: *Wenn doch eine Vereinigung der Fürsten geschehen könnte und alles zum lieben Frieden traktiert würde. Gott ist doch ein Fürst des Friedens, er kann uns allen helfen. Um ein Haupt des römischen Reiches haben wir auch zu bitten, daß die verwirrten Zeiten enden.*

Kurfürst Karl Albrecht erreichte zunächst die Wahl zum Kaiser. Am 12. Februar 1742 wurde er in Frankfurt von seinem Bruder, dem Kölner Kurfürsten Clemens August, als Karl VII. gekrönt. Nur mit Mühe hielt der gichtkranke Kaiser die Strapazen der ausgedehnten Krönungsfeierlichkeiten durch. Im Tagebuch notierte er am folgenden Tag: *Meine Krönung ist gestern vor sich gegangen, mit einer Pracht und einem Jubel ohnegleichen, aber ich sah mich zur gleichen Zeit von Stein- und Gichtschmerzen angefallen. Krank, ohne Land, ohne Geld, kann ich mich wahrlich mit Job, dem Mann der Schmerzen vergleichen.*

Panduren: ursprünglich bewaffnete und livrierte Diener ungarischer Edelleute. Der slawonische Freiherr von der Trenk formte 1741 eine Truppe von ca. 2500 Mann, die im Bayer. Erbfolgekrieg für Maria Theresia kämpfte. Sie war wegen ihrer Disziplinlosigkeit besonders gefürchtet.

Das *ohne Land* traf wörtlich zu. Maria Theresia ließ Bayern besetzen, und die Pandurenjahre zwischen 1742 und 1745 brachten für die Bevölkerung Schrecken, die mit der Schwedenzeit im Dreißigjährigen Krieg zu vergleichen waren. Crescentia schrieb im Mai 1743 an das Münchner Dreifaltigkeitskloster: *Wie leicht könnte alles für Land und Leute in den Ruhestand gesetzt werden, und man könnte sich wieder erholen! Wenn es aber so fortgeht, kann es wohl nicht anders sein, als daß die äußerste Not kommt. Bitten Sie doch den Hl. Geist, der ein Geist der Liebe und des Friedens ist, er wolle den Frieden senden und unter den christlichen Potentaten herstellen.*

Als Karl Albrecht schließlich am 23. Oktober 1744 in München einziehen konnte, lebte Crescentia schon nicht mehr. Er starb in Nymphenburg am 20. Januar 1745, die Kurfürstin 1756.

Kurfürst Clemens August von Köln

Das eindrucksvollste und überzeugendste Beispiel für Crescentias politischen Einfluß sowie ihre Rolle als Seelenführerin zeigen ihre Kontakte zu Kurfürst Clemens August von Köln. Sie sind in 21 Briefen Crescentias an den Kurfürsten aus den Jahren zwischen 1732 und 1743 dokumentiert.

Clemens August, der vierte Sohn des Kurfürsten Max Emanuel, wurde am 17. August 1700 in Brüssel geboren. Als er vier Jahre alt war, verlor sein Vater gegen die verbündeten Österreicher und Engländer die Schlacht bei Höchstädt. Zusammen mit seinen drei älteren Brüdern wurde er ab 1706 von seinen Eltern getrennt und zunächst in Klagenfurt, dann in Graz erzogen. Erst im April 1715 begegneten sich Eltern und Kinder wieder.

Der Vater bestimmte ihn und Philipp Moritz, den zweitältesten Sohn, für den geistlichen Stand; beide wollte er als kirchliche Fürsten in seinem politischen Machtspiel einsetzen. 1717 schickte er sie zur theologischen Ausbildung nach Rom. Dort sollten sie auch entsprechende Kontakte knüpfen. Die Vorgesetzten bestätigten Clemens August *gute Qualitäten und Tugenden.* Der päpstliche Nuntius in Deutschland meinte 1723, kein Prinz seines Alters sei so fromm und eifrig.

Im März 1719 wählten die Domkapitel von Münster und Paderborn Philipp Moritz zum Fürstbischof, und als dieser zu eben der Zeit starb, schlugen sie den noch nicht 19jährigen Clemens August für dieses Amt vor.

Kurfürst Josef Clemens von Köln ließ 1722 seinen Neffen Clemens August zum Coadjutor mit dem Recht auf Nachfolge wählen. Schon 1723 wurde Clemens August dann Kurfürst-

Erzbischof von Köln, 1724 Fürstbischof von Hildesheim, 1728 Bischof von Osnabrück. Zu dieser Machtfülle durch die Herrschaft über fünf Bistümer kam im Juni 1732 die Wahl zum Hochmeister des Deutschherrenordens.

Clemens August zögerte allerdings zunächst, sich die höheren Weihen erteilen zu lassen. Im August 1724 schrieb er seinem Vater, er wolle lieber auf alle Würden verzichten, als ein unwürdiger, schlechter Priester sein. Der Vater brachte ihn von derart *desparaten Gedanken* ab, und am 4. März 1725 wurde Clemens August zum Priester geweiht, am 9. November 1727 zum Bischof.

Sein Charakter war bestimmt von fehlender Selbstsicherheit, von raschem Wechsel zwischen dem Bewußtsein eigener Unzulänglichkeit und dem Hochgefühl, der mächtigste Kur- und Kirchenfürst im Deutschen Reich mit entscheidendem politischem Einfluß zu sein.

Clemens August war feinsinnig, aufgeschlossen für Musik und Kunst, wo er es zu beachtlicher Kennerschaft gebracht hatte, die ihn einen François de Cuvilliés und einen Balthasar Neumann, einen Johann Evangelist Holzer und Wessobrunner Stukkateure nach Bonn und Brühl holen ließ. Er ging leidenschaftlich zur Jagd, zumal zur Falkenbeize, genoß üppige Feste, das Maskentreiben im Fasching, und hatte eine Schwäche für schöne Frauen.

Andererseits war er fromm, gewissenhaft und voll guten Willens. Er kümmerte sich um die geordnete und gute Ausbildung der Kandidaten im Kölner Priesterseminar. In seiner Zerknirschung wegen seiner Fehler suchte er sich zu bessern, er besuchte Wallfahrtsorte wie Altötting und Loreto, ließ zahlreiche Messen lesen und schenkte großzügige Almosen.

Als Landesherr sorgte er für das Wohl seiner Untertanen, und es war wohl berechtigt, wenn man noch nach seinem Tod hören konnte:

Bei Clemens August trug man Blau und Weiß,
Da lebte man wie im Paradeis.

Bei politischen Entscheidungen verhielt er sich zögernd und unsicher und verließ sich gerne auf seine politischen Berater.

Vermutlich hörte der junge Kurfürst Clemens August durch seine Schwägerin Maria Amalia zuerst von Crescentia, als sie ihm von ihrem Besuch in Kaufbeuren erzählte. Jedenfalls fuhr auch Clemens August noch Ende des gleichen oder zu Beginn des folgenden Jahres vermutlich von München aus nach Kaufbeuren. Es gibt keine Aufzeichnung von diesem Gespräch, aber immerhin eine Äußerung des Kurfürsten gegenüber seinem Bruder, Kurfürst Karl Albrecht in München, daß Crescentia die Wahrheit besser sagen könne als ein Beichtvater.

Schon das erste Gespräch schien Clemens August so beeindruckt zu haben, daß er 1733 wieder zu ihr nach Kaufbeuren reiste und dann nochmals im März 1734. Es läßt sich annehmen, daß zahlreiche weitere Besuche stattgefunden haben. Crescentia wurde für den einflußreichen und mächtigen Kurfürsten zur Seelenführerin und geistlichen Beraterin und half ihm bei persönlichen und politischen Problemen.

Crescentia war dem unsicheren jungen Kurfürsten an Lebenserfahrung und Vernunft weit überlegen, doch viel zu klug, um ihn das spüren zu lassen. Sie verstand es vielmehr, ihn verständnisvoll und behutsam zu beeinflussen und mit sicherem psychologischem Gespür zu führen.

Die ersten Briefe Crescentias an Clemens August enthalten vorwiegend Gebetszusagen in allgemeineren Anliegen, z. B. für die Wiedererlangung seiner Gesundheit. Bald jedoch weitete sich die Korrespondenz zu Hinweisen auf die Lebensführung sowie die seelsorgerlichen und politischen Aufgaben des Kurfürsten, wobei Crescentia ihre Meinung zwar stets zurückhaltend, aber doch deutlich und entschieden genug äußerte. So versäumte sie nicht den ernsten und nachhaltigen Hinweis auf die Tatsache, daß hohe Herren mit bedeutenden irdischen Posten und Aufgaben im Jenseits auch ebensolche Verantwortung tragen müßten: *Allein, weil große Personen große und wichtige Geschäfte und Ämter haben, haben sie dort die entsprechende Verantwortung, und weil die Gerechtigkeit äußerst strenge ist, muß alles gar hart gebüßt werden.*

Von entscheidender Bedeutung für die Einflußnahme Crescentias auf Clemens August war dessen Sorge um das Seelenheil seines Freundes Johann Baptist Freiherr von Roll, des Ministers für Angelegenheiten des Deutschen Ordens. Dieser war am 5. Mai 1733 bei einem Duell mit dem Vizeobriststallmeister Freiherr Friedrich Christian von Beverförde ums Leben gekommen.

Der Kurfürst war entsetzt, daß trotz seines Verbots ein Duell stattgefunden hatte. Beverförde und seine Angehörigen mußten sofort den kurfürstlichen Hof verlassen. Vor allem bedrückte Clemens August, daß es sich nicht mehr klären ließ, ob Roll nun während des Duells oder, wie dessen Anhänger behaupteten, erst danach ermordet worden war. Deshalb war er in großer Sorge, daß Roll im Jenseits nicht zur Anschauung Gottes gelangen werde. Er setzte alle Hoffnung auf Crescentia und ihr Gebet und bat sie, Gott um eine Offenbarung über das Schicksal Rolls zu bitten. Schon am 16. Mai, elf Tage nach dem Duell, teilte Crescentia dem Kurfürsten mit: *Diese Seele ist nicht ewig verunglückt oder verloren, sondern sie ist im Stande der Gnade, aber es wird viel brauchen!*

Auf detaillierte Erläuterungen, was damit gemeint war, Gebet und Opfer nämlich, verzichtete Crescentia. Clemens August, meinte sie, werde als ein *von Gott erleuchteter, weiser und durchlauchtigster Fürst selbst wissen, was zu tun* sei.

Crescentia wurde von vielen Seiten über das Schicksal Verstorbener befragt. Sie lehnte solche Auskünfte aber meist mit der Begründung ab, daß sie solches Wissen von Gott nur wegen der Notwendigkeit des Gebets für die Verstorbenen erhalte, nicht jedoch zur Befriedigung von Sorge oder Neugier der Angehörigen. In solchem Gebet sah sie eine Aufgabe der Nächstenliebe; denn für sie gehörten die Verstorbenen ebenso zur Gemeinschaft der Gläubigen wie die noch Lebenden.

Als Schwester M. Scholastika Küstlerin, Novizenmeisterin im Franziskanerinnenkloster in Dillingen, im Dezember 1724 um Auskunft über den Zustand einer verstorbenen Mitschwester bat, ließ sie diese *im Vertrauen wissen,* daß die Verstorbene *das göttliche Angesicht genießt,* bat aber eindringlich, niemandem davon etwas zu sagen, denn *eine solche Sache wird gleich bekannt und sie wird einem und dem andern anvertraut und*

kommt in vieler Mund; und sie schreiben dann her allenthalben,
was mir gar unlieb ist. Ich unterlasse es nicht, jederzeit zu beten
um das, was mir anbefohlen wird, aber das Offenbaren macht
mir große Beschwernis. Das weiß meine liebe hohe Obrigkeit,
und es ist mir deren Gebot gar lieb, daß ich schweigen soll.

Auch den Kurfürsten bat Crescentia dringend darum, nichts
von dem, was sie ihm über Roll geschrieben habe, anderen
zu sagen, zumal ihre Oberen ihr streng verboten hätten, derartige Auskünfte zu erteilen. Zugleich aber rechtfertigte sie die
Mitteilung ihrer Offenbarung an ihn: Da ihr bewußt sei, daß
ihr Pater Provinzial in diesem Fall nichts dagegen hätte, sondern es sicherlich befürworten würde, wenn er davon wüßte,
handle sie ja nur im vorauseilenden Gehorsam gegen ihre Obrigkeit. Dem Kurfürsten riet sie, für die Zukunft auf jeden Fall
derartige Duelle streng zu verbieten.

Clemens August war zunächst beruhigt, stellte aber immer neue
Fragen nach den genaueren Umständen, die Crescentia nicht
beantworten konnte oder wollte, z. B. *warum jene, die den Be-*
fehl hatten, das Unglück zu verhüten, diesem nicht nachge-
kommen waren. General Graf von der Lippe und Baron von
Zweiffel hätten nämlich dafür sorgen sollen, daß es zwischen
den beiden Kontrahenten zu keiner *Rauferei* komme.

Derartige Überlegungen hielt Crescentia für wenig wichtig. Sie
nützte viel lieber die Sorgen des Kurfürsten um das Seelenheil
seines toten Freundes, um ihn auf den rechten Weg zu führen.
Ermahnungen ebenso wie Tadel oder Lob ließ sie mit Vorliebe durch den verstorbenen Roll aussprechen. Als sie z. B. den
Eindruck hatte, daß Clemens August zu selten zur Beichte ging,
teilte sie ihm mit, Roll habe sie dazu angehalten, dem Kurfürsten *ganz liebreich* zu raten, *daß man das Gewissen öfters rei-*
nige und auch, daß Eure kurfürstliche Durchlaucht beflissen
sein wollen, das Gewissen rein zu erhalten. Im Dezember desselben Jahres lobte sie den Kurfürsten, weil er *des geliebten*
Freundes ewige Seligkeit so eifrig zu befördern bemüht sei. Es
sei ihr *eine große Freude,* daß er *bei der wundertätigen Got-*
tesmutter zu Altötting eine solche Anzahl heiliger Messen an-
geschafft habe. Der Lohn dafür werde nicht auf sich warten

lassen, denn, schrieb sie, *aus Gehorsam und mit Erlaubnis ihres Provinzials dürfe sie dem Kurfürsten mitteilen, daß der geliebte Freund am Feste Mariae Himmelfahrt in den Himmel aufgenommen* und mit *dem Märtyrerkranz gekrönt* worden sei. Roll werde Gott bitten, *daß Euer Durchlaucht glücklich, lange und Gott wohlgefällig* regiere. Der Freund sei dem Kurfürsten unendlich dankbar für sein Gebet und sein Opfer, weil er nun eine ganz unbeschreibliche Freude in Gott erfahre.

Nach wie vor stellte Clemens August eine Fülle von Detailfragen nach dem Ablauf des Duells und wie der tödliche Stich geführt worden sei. Crescentia wollte nicht darauf eingehen und ließ an ihrer Stelle Roll antworten: *Was er mit den andern geredet und auf welche Weise er den Stich bekommen und wer ihm zugesprochen, könnte er wohl sagen, aber er wolle das alles auf sich beruhen lassen und nichts davon melden.*

Immerhin teilte Crescentia am 15. Dezember 1733 dem Kurfürsten mit, weshalb Gott Roll trotz des Duells nicht verurteilt, sondern in Gnaden aufgenommen habe. Nach mehrmaligen *Bitten zu Gott* habe ihr Roll folgendes gesagt: *Er habe nach dem Stich eine kurze Zeit gehabt, einen guten Gedanken zu fassen, und in dieser Zeit habe ihm Gott eine große Gnade gegeben, daß er seinem Feinde vollkommen verzeihen konnte.*

Weil sie sich wegen der mangelnden Willenskraft und Durchsetzungsfähigkeit des Kurfürsten immer wieder Sorgen machte, ließ sie Roll fortfahren: *Auch Eure Durchlaucht seien ihm in den Sinn gekommen, es habe ihm wehe getan, daß man ihn nicht genug beschützt habe, aber wie er in die Ewigkeit hinübergekommen sei, habe er gleich gesehen, daß Sie unschuldig gewesen und alles getan haben.* Immerhin klingt der Vorwurf an, Clemens August mache alles zu vage und zu wenig energisch.

Vorsorglich teilte Crescentia dann dem Kurfürsten mit, daß sie weitere Fragen nicht beantworten könne. Die günstige Auskunft über Roll empfand sie wohl auch selbst als Erfolg ihres Gebets, und unter diesem Eindruck bat sie dann den Kurfürsten um die Beförderung der Verehrung des Heiligen Geistes. Auf Einzelheiten wurde bereits oben (S. 67) hingewiesen.

Nach der Mitteilung Crescentias, daß Roll im Himmel sei, weitete sich der Briefwechsel zur intensiven Beratung. Der Kurfürst legte so großen Wert auf die rasche Beantwortung seiner Briefe an Crescentia, daß er sie wiederholt durch Stafetten befördern ließ. Die Boten mußten dann im Kaufbeurer Kloster gleich auf die Antwort warten.

Offensichtlich berichtete Clemens August ihr regelmäßig und genau von seinem Leben und seiner Tätigkeit. Sie sah die Gefahren, die dem Kurfürsten wegen seiner leichten Verführbarkeit und seiner schwankenden Haltung drohten, und suchte ihm zu helfen. Dabei verzichtete sie auf nutzlose moralische Ermahnungen, sondern verwies lieber auf die Belohnung im Jenseits bei entsprechender Lebensführung. Ihre Person nahm sie, wie bei ihr üblich, völlig zurück und betonte dafür das jeweilige Anliegen, das sie stets in seinem Bezug zu Gott sah.

Als ihr Clemens August von seinem Aufenthalt in München im September 1733 und von seiner Teilnahme an Hoffesten schrieb, behagte ihr dies gar nicht. Aber sie äußerte nicht ihren persönlichen Unwillen, sondern ließ den verstorbenen Freund zu Wort kommen und teilte dem Kurfürsten ausführlich mit, was sie in ihren Visionen von Roll erfahren hatte. Roll berichtete zunächst von seinem Glück im Himmel und pries Gott dafür, daß er ihn durch *sein Unglück auf der (...) Welt zu der ewigen Glückseligkeit und zu himmlischen Freuden befördert* habe. Dann aber folgte die konkrete Bitte und Forderung an den Kurfürsten, die Crescentia im Namen Rolls stellte:

Euer Durchlaucht sollen die weltlichen Freuden und Lustbarkeiten verachten und sie nicht annehmen, welche voll Eitelkeit (Nichtigkeit) *sind und nichts bringen zum Heile der Seele. Als ein treuer Freund bittet er* (Roll)*, daß Sie dergleichen Freudenspiele nicht mehr zulassen noch annehmen, wie es in München gemacht worden, Gott habe daran kein Wohlgefallen, sondern Mißfallen gehabt. Wenn Sie dergleichen abstellen, werden Sie Gott angenehm sein und den Segen vom Himmel dafür erlangen, und Gott wird Ihnen dafür mehr Trost und Freude und Vergnügen ins Herz hinein geben als diese Eitelkeit, die wie Rauch verschwindet.*

Geradezu entschuldigend begründete Crescentia die Länge ihres Briefes mit dem Hinweis auf den Wunsch des Kurfürsten, ihm alles mitzuteilen, was der verstorbene Freund sie wissen lasse. Anstelle des Hinweises auf mögliche Strafen im Jenseits hob Crescentia nochmals die unermeßlichen Freuden hervor, die den Kurfürsten nach einem christlich geführten Leben erwarten und die der verstorbene Freund bereits empfangen hat: *Die Begierde der Seele nach Gott, ihrem einzigen Gut und höchsten Ziel, nach seiner Anschauung sei nicht auszusprechen, worauf die Seele von Gott liebreich empfangen und mit der Martyrerkrone gekrönt worden ist. Eure kurfürstliche Durchlaucht dürfen es glauben, daß es nicht zu beschreiben noch auszusprechen ist, was das für eine Freude war. Wer sollte daher nicht dahin trachten, daß wir unser ewiges Gut erhalten möchten, es kann uns ja sonst auf der ganzen Welt nichts Vergnügen bereiten, dieses wollen wir suchen und alleinig lieben.*

Crescentias Sorge wegen des bisweilen allzu lockeren Lebensstils des Kurfürsten wird in vielen Briefen deutlich. Sie bat, ermahnte und lobte ihn und ließ ihre Anliegen stets durch den verstorbenen Freund aussprechen. Immer wieder betonte sie, für wie ungünstig sie die Teilnahme des Kurfürsten an Faschingsveranstaltungen hielt. In einem undatierten Brief von 1733 oder 1734 heißt es:

Daß der Fasching in München seinen Anfang genommen hat und immer maskierter ist (sehe ich), *wohl darum, daß noch gröber werden die Beleidigungen Gottes, so bei der Maskerade gar viel geschieht. Der liebe Freund* (Roll) *hat an seinen gnädigsten Kurfürsten den Wunsch, daß Sie die Eitelkeit der Welt und das gefährliche Spiel, das diese Zeit mit sich bringt, erkennen mögen, so wie er es in Gott sieht, weil es mißfällig ist in den Augen Gottes. Euer kurfürstliche Durchlaucht sollen verhindern und abstellen, soweit es möglich ist, so tun Sie ihm die größte Freude und Glorie bereiten; denn es ist Gott eine große Freude und Ehre, wenn solche Beleidigungen verhindert werden. (...) Wenn er nur die Erkenntnis der Eitelkeit der Welt so ganz Euer Durchlaucht, seinem lieben Kurfürsten – so redet er – bis ins Herz eindrücken könnte; denn sie erinnert, wie nichts gut ist, als Gott lieben und ihm dienen; denn wie er auf Erden allzeit für Ihr Wohlsein gesorgt hat am ganzen Hof, also ist auch jetzt bei Gott seine beständige Bitte für Sie, daß der Wille und das Wohlgefallen Gottes erfüllt werde. Es würde ihn wohl recht freuen, wenn Euer kurfürstliche Durchlaucht etwas abstellen könnten vom Fasching.*

Da Crescentia die Schwäche des Kurfürsten für Frauen kannte, gab sie ihm auch diesbezüglich ganz konkrete Hinweise: *Vor den Frauenspersonen sollen Sie sich also mit größter Sorge hüten und vor ihnen fliehen und sich wie als vor vergifteten Schlangen in acht nehmen. So es noch nicht geschehen, sollten Sie sich unter irgend einem Vorwande daranmachen, es auszuführen.*

Als der Kurfürst Crescentia mitteilte, daß er auf die Teilnahme am Fasching des Jahres 1734 verzichten werde, schrieb sie ihm am 15. Dezember 1733 ganz erleichtert von der Freude Rolls und wies wieder nachdrücklich auf die Belohnung im Jenseits hin: *Auch kann ich seine Freude nicht genug beschreiben, die der gute Freund hat, daß Fasching nicht gehalten wird. (...) Sie sollen nur die augenblicklichen Freuden und Eitelkeiten verachten, dafür wird Ihnen Gott große und ewige Freuden mitteilen. Eben dieses ist auch mir eine rechte Seelenfreude, daß Eure kurfürstliche Durchlaucht so heroisch diese Eitelkeit auf die Seite gelegt haben. Es geschehen bei den Faschingsvergnügungen viele Beleidigungen Gottes. Wie sollte also dieses Gott wohlgefällig sein. Daß Sie es also abstellten, wird er Ihnen gewiß lohnen.*

Immer wieder wies Crescentia den Kurfürsten darauf hin, daß seine Aufgabe nicht in der Veranstaltung kostspieliger Vergnügungen bestehe, sondern vielmehr in der Erfüllung seiner Pflichten als geistlicher und weltlicher Landesherr. Es gehöre, schrieb sie ihm am 25. Juni 1734, zu den Aufgaben eines *geistlichen Seelenhirten, allzeit auf die göttliche Ehre* (zu) *sehen, daß sie in allem gefördert wird und daß sie auch von allen an Ihrem Hofe gesucht wird, daß keine Sünde, kein böses Beispiel gestattet wird. Was diese Wachsamkeit eines geistlichen Seelenhirten in den Augen Gottes Erfreuliches ist, könne er* (Roll) *nicht aussprechen. Sie sollen also des Ewigen eingedenk sein, wie in der Welt alles nur etwas Augenblickliches, Vorübergehendes, dort aber das ewige Leben sei.*

Schließlich nannte sie noch einen weiteren wichtigen Grund, weshalb sich der Kurfürst möglichst selten außerhalb seines Landes aufhalten sollte: Er müsse sich um das seelische und materielle Wohl seiner Untertanen kümmern. Auch diese Überlegung ließ sie von Roll äußern, weil sie sich dadurch eine nachhaltigere Wirkung auf den Fürsten erhoffte:

Vom lieben Freund weiß ich zu berichten, daß er es gar gern sieht, daß Sie wiederum in Ihre Länder reisen; denn er sieht in Gott, daß es gut sei, daß der Hirt seinen Schäflein nahe ist und sich nicht von ihnen fernhält; denn die Abwesenheit bringt Zerstreuung und Verwirrung. Das gute Beispiel aber und die Gegenwart des Hirten nützt viel.

Crescentias Herkunft aus dem einfachen Handwerkerstand und ihre Kenntnis von den materiellen Sorgen der kleinen Leute machen verständlich, daß sie gegenüber dem Kurfürsten immer wieder betont, daß ihm das Wohl der Untertanen stets eine besondere Sorge sein müsse. Dank seiner Klugheit und Weisheit sei er auch in der Lage, ein tüchtiger, mildtätiger Landesvater zu sein. Entschieden forderte sie außerdem Gerechtigkeit, wie das außer ihr wohl niemand dem Kurfürsten so deutlich sagte. Am 2. April 1735 schrieb sie ihm:

Meine tägliche Bitte zu Gott ist, er wolle Sie in bester Gesundheit und langjähriger, glücklicher Regierung in allen Ihren hohen, von Gott erteilten Ehren und Würden gnädig erhalten, daß durch Ihre hohe Weisheit alles untergebene Land und die Untertanen nach aller Gerechtigkeit geführt und regiert werden und die ewige Seligkeit erlangen.

In Crescentias Äußerungen wird wiederholt deutlich, daß Gerechtigkeit für sie zu den wichtigsten Attributen einer Obrigkeit gehörte, ganz gleich ob im Kloster, in einer Stadtverwaltung oder bei der Regierung eines Landes. In ihrem Brief vom 22. März 1739, in dem sie ebenfalls Gerechtigkeit anmahnte und auf sie drängte, erklärte sie diese zur göttlichen Eigenschaft:

Daß Sie aber der Gerechtigkeit freien Lauf lassen, so handeln Euer kurfürstliche Durchlaucht hierin höchst löblich; denn Gerechtigkeit ist Gott lieb und angenehm. Er ist ein Gerechter und liebt die Gerechtigkeit und haßt das Unrecht.

Als der Kurfürst Crescentia im Herbst 1733 seine Sorge vor einem möglichen Attentat mitteilte – es war die Rede von einem Giftanschlag – versprach sie ihm ihr Gebet und die Fürbitte der armen Seelen. Sie riet ihm, vertrauensvoll auf den Schutz Gottes zu bauen und empfahl ihm ein weitverbreitetes Mariengebet: *Unter deinen Schutz und Schirm fliehen wir, o heilige Gottesgebärerin; verschmähe nicht unser Gebet in unseren Nöten, sondern erlöse uns jederzeit von allen Gefahren, o du glorwürdige und gebenedeite Jungfrau, unsere Frau, unsere Mittlerin, unsere Fürsprecherin. Versöhne uns mit deinem Sohne, empfiehl uns deinem Sohne, stelle uns vor deinem Sohne. Amen.*

Gut eineinhalb Jahre später, am 8. Januar 1735, beruhigte sie den Kurfürsten wiederum wegen seiner Ängste vor einem Attentat. Sie bezog sich auf ihr Schreiben vom 3. Oktober 1733 und wiederholte, daß er sich unter den Schutz Gottes und Mariens stellen solle. Nach knapp zwei Jahren, Ende 1736, teilte Clemens August ihr mit, daß auf ihn ein weiterer Anschlag geplant gewesen sei. In ihrem Antwortschreiben vom 1. Januar 1737 versprach sie wieder ihr Gebet:

So will ich inständig bitten um den göttlichen Schutz, um Bewahrung vor allen Feinden getreulich zu erhalten, wie ich auch den lieben Freund bitte, er solle vor dem göttlichen Gnadenthrone seine stete Fürbitte tun, damit die Bosheit der bösen Gemüter nicht zu schaden vermöge.

Die Tatsache, daß das Attentat rechtzeitig aufgedeckt werden konnte, war ihr auch ein Beweis für den Schutz Gottes. Sie versicherte dem Kurfürsten, daß sie gut verstehe, wie sehr ihn *eine solche Untat* beunruhigen müsse. Nach allgemeinen Hinweisen und Ratschlägen aber wurde sie, wie es stets ihre Art war, ganz konkret und gab Clemens August praktische Hinweise, wie er sich zu verhalten habe:

Was man von sich aus zu seinem Schutze tun kann, das wollen wir auch nicht unterlassen. Das ist mein einfältiger Rat, daß Euer kurfürstliche Durchlaucht niemand wollen zu und vor sich lassen, der Ihnen nicht wohlbekannt ist und der (nicht) *ein treuliches und redliches Gemüt hat, wie auch, daß Sie jederzeit mit getreuen Dienern versehen sind.* (...) *Also seien Sie in guter Hoffnung, der Schutz des allmächtigen Gottes wird bei Ihnen sein. Und man verzeihe denen, die solch Böses vorhaben, und bitte für sie, daß sie abstehen. Das ist dem lieben Gott gar wohlgefällig und wird zur besseren Bewahrung sein. Ich will nichts in meinem armen Gebet unterlassen und zu Gott bitten, damit er dergleichen Gefahren wolle abwenden und vor allen Seelen- und Leibesfeinden beschützen.*

Wiederholt wird in den Briefen Crescentias deutlich, daß es ihr Anliegen war, den Kurfürsten zu einer gewissen Härte gegen sich zu erziehen. Als der 34jährige über Krankheiten und allerhand Unannehmlichkeiten jammerte, antwortete sie am 8. Januar 1735 betont sachlich, er dürfe sich doch wegen solcher Dinge nicht allzusehr aufregen. Krankheiten würden als *eine kleine Mahnung vom großen Gott* geschickt, zur Erinnerung an die Gebrechlichkeit alles Irdischen und als Hinweis auf die Tatsache, daß unser Leben plötzlich zu Ende sein könne, *weil wir weder den Tag noch die Stunde wissen.*

Als sich der Kurfürst darüber beklagte, daß sein Regierungsamt doch viele Sorgen mit sich bringe, wobei ihm *immerwährend viele Verdrießlichkeiten unterlaufen,* glaubte sie ihm dies zwar, hielt es jedoch auch für ganz selbstverständlich, *denn dergleichen Sorgen haben alle hohen Häupter.* Weit wichtiger als derartiges Jammern sei, daß sich ein hoher Herr wie Clemens August beständig darum bemühe, *allzeit* (...) *Gutes zu tun, was Gott lieb und gefällig.* Der Kurfürst möge stets bedenken, daß *man in der Gegenwart Gottes wandelt.* (...) *Es ist hier nur eine kurze Zeit, aber es folgt eine lange Ewigkeit. Hier können wir Gutes wirken, wenn wir nur die edle Zeit nicht versäumen.*

Schließlich gab es ein wichtiges politisches Ereignis, bei dem Crescentias Einfluß die Entscheidung des Kurfürsten bestimmte, nämlich den Polnischen Thronfolgestreit. Nach dem Tod von August dem Starken, dem Kurfürsten von Sachsen und König von Polen, am 1. Februar 1733 war dessen Nachfolge umstritten. Der französische König Ludwig XV. unterstützte seinen Schwiegervater, Stanislaw Lesczynski, während Österreich, Preußen, Rußland und England für Friedrich August, den neuen Kurfürsten von Sachsen, eintraten. Am 12. September 1733 wurde Stanislaw mit großer Mehrheit zum König gewählt. Rußland marschierte jedoch in Polen ein und vertrieb den neu gewählten König nach Danzig. Damit drohte der Ausbruch eines Thronfolgekriegs, und Kaiser Karl VI. warb bei den Reichsfürsten um Unterstützung gegen Frankreich.

In dieser Situation fragte Clemens August wie gewöhnlich bei Crescentia an, und sie gab ihm eine eindeutige Auskunft: *Daß Eure Durchlaucht nicht zu einem Krieg beihelfen sollen, darum bitte ich noch einmal. Gewiß hat Gott keine Freude am Kriege; denn er ist ein Liebhaber des Friedens und besonders unter christlichen Fürsten. Gott kann alles andere ersetzen und geben. Es wird alles recht werden.*

Aufschlußreich ist die Auswirkung dieser Entscheidung Crescentias: Der Kurfürst nahm an den Auseinandersetzungen nicht teil, ersparte damit seinen Untertanen einen Krieg und beeinflußte bei einem Aufenthalt in München auch seinen Bruder Karl Albrecht in diesem Sinne. Der Kaiser beauftragte deshalb seinen Gesandten in München, Graf Königsegg, er möge eifrigst daran arbeiten, *daß seine Liebden* (Clemens August) *die ruckreiß in dero eygnen Lande beschleunigen möchte,* weil andernfalls alle österreichischen Bemühungen in München *umb sonst und vergebens seyn würde*(n).

Zehn Jahre nach dem Tod des Freiherrn von Roll, 1743, suchte der Freiherr von Beverförde die Vergebung und Gnade des Kurfürsten zu erlangen. Er bot Clemens August an, dafür einer von diesem geplanten Stiftung einen größeren Geldbetrag zukommen zu lassen. Der Kurfürst wußte nicht recht, was er tun sollte, und erbat Crescentias Rat. Sie antwortete am 23. März 1743 klug und eindeutig. Natürlich wolle sie die Entscheidung letztlich dem Kurfürsten überlassen, doch schlage sie vor, Gnade zu gewähren. Allerdings dürfe Clemens August auf keinen Fall die angebotene Geldspende annehmen. Er habe schließlich selbst Vermögen genug. Wenn er sich Geld geben lasse, dann werde *die Gnade zur Schuldigkeit*. Es wäre jedoch weit besser, die Gnade *allein Gott zuliebe* zu gewähren und *kein Geld anzunehmen.* (...) *Wenn es aber Gottes wegen ganz allein geschieht, muß man viel mehr in der Demut und Furcht sein, daß man der Gnade nicht mehr beraubt werde.*

Vom 27. Oktober 1743 datiert der letzte Brief Crescentias an den Kölner Kurfürsten, der erhalten geblieben ist. Wie immer hatte er ihr so offen und vertrauensvoll wie einem Beichtvater von seinen Sorgen und Charakterschwächen geschrieben. Crescentia versprach ihm ihr Gebet *um Besserung des Gewohnheitsfehlers.* Weitere Auskünfte über Roll lehnte sie als unnötig ab.

Oberin des Kaufbeurer Klosters

Im Frühjahr 1744 erkrankte die Oberin Johanna Altwöger schwer. Schwester Anna Neth, Klosterschreiberin und Stellvertreterin der Oberin, schrieb am 10. April 1741 dem Münchner Dreifaltigkeitskloster: *Es befiehlt sich meine allerliebste, todkranke würdige Mutter, ich bitte für sie um eine glückselige Sterbestunde. (...) Wie hart es nun ist, das weiß der liebe Gott. Schw. Crescentia befiehlt sich desgleichen demütig. (...) Wenn uns Gott unsere liebe würdige Mutter nimmt, wird es wohl einen harten Streich geben.*

Zehn Tage später bedankte sich Anna Neth für Anteilnahme und Gebet des Münchner Klosters und ersuchte darum *ferner für sie Gott zu bitten, so es der göttliche Wille ist, dem wir uns in allem zu überlassen schuldig sind. Gewiß wird uns das ein harter Tod sein. (...) Meine liebe kranke Mutter befiehlt sich Ihro Hochw. demütig. Sie hätte sich Ihnen gegenüber zu bedanken. Es sei ihr oft ein Trost gewesen, wenn sie gehört, wie es der gottseligen Mutter Marianna Josepha ergangen ist.*

Am 15. Juni 1741 berichtete Anna Neth dem Münchner Kloster: *daß unsere liebe Mutter noch lebt, wie lange aber, weiß der liebe Gott. Wir wissen alle nicht den Tag, an dem sie der Allerhöchste abfordert. Die liebe würdige Mutter, die noch bei gutem Verstand und bestem Gedächtnis ist, befiehlt sich Ihro Hochw. Frau Priorin, wie sie auch der lieben Frau Josepha Antonia noch einmal demütig dankt. (...) Sie werde oft für Sie beten, wann sie zum lieben Gott kommt. Sie sollen ihrer sowohl im Leben als nach dem Tode nicht vergessen. (...) Was der liebe Gott uns wird erleben lassen, das müssen wir abwarten, wir wollen uns befleißigen, alle wohlverdienten Strafen abzubitten.*

Am 20. Juni 1741 starb Johanna Altwöger im Alter von 73 Jahren, sie war 55 Jahre im Kloster und 34 Jahre Oberin gewesen. Für die Schwestern und das Kloster hatte sie klug, umsichtig und mütterlich gesorgt. Am 22. Juni wurde sie im Friedhof von St. Martin begraben, tief betrauert von den Schwestern, aber auch von den Menschen in der Stadt, zumal von den Armen.

Am 23. Juni nahm der Provinzial die Wahl der neuen Oberin vor, und die Schwestern stimmten alle für Crescentia Höß. Diese bat darum, man möge sie mit dem Amt verschonen, doch der Provinzial, Pater Bonifatius Schmid, befahl ihr, die Wahl im klösterlichen Gehorsam anzunehmen. Zur Stellvertreterin und Helfmutter benannte Crescentia Anna Neth, die ihr Vertrauen hatte.

Crescentia, die schon bisher weitgehend die Entscheidungen im Kloster bestimmt hatte, erwies sich als hervorragende Oberin, die das Kloster mit bewundernswertem Geschick führte, und zwar nicht nur im Hinblick auf das geistliche Leben, sondern ebenso im weltlichen Bereich. Durch ihre Umsicht und ihre vielfältigen Beziehungen gelang es ihr, die materiellen Grundlagen des Klosters für die kommenden Jahrzehnte in solchem Maße zu vergrößern, daß sie oft als zweite Gründerin bezeichnet wurde.

In vorbildlicher Weise war sie um ihre Mitschwestern besorgt, stets darauf bedacht, ihnen weder zu viele noch zu schwierige Aufgaben zu übertragen. Andererseits achtete sie sorgfältig auf die Einhaltung der Klosterregeln. Der Gedanke, die Mitschwestern müßten es ihr im Gebets- und Frömmigkeitsleben gleich tun, kam ihr gar nicht in den Sinn. Es ist bezeichnend für ihre Güte und ihr Einfühlungsvermögen, daß ausgerechnet sie, die völlig bedürfnislos, ja geradezu asketisch lebte, das Essen für die Schwestern verbessern ließ. Außerdem ordnete sie an, daß die Portionen reichlicher sein sollten.

Im Mindelheimer Franziskanerinnenkloster findet sich ein wichtiges Dokument für Crescentias Oberinnentätigkeit: Es handelt sich um ein achtseitiges Manuskript, das in 34 Punkten ihre Grundsätze für die Leitung eines Kloster enthält. Der damalige Klosterbeichtvater, Johann Baptist Pamer SJ, hatte sie aufgeschrieben und den Mindelheimer Schwestern zur Abschrift überlassen. Diese Überlegungen zeigen Crescentias Verantwortungsbewußtsein, und viele sind auch heute noch bedenkenswert.

Form und Weise, wie eine würdige Frau Mutter ihre Klosterfrauen regieren soll, lautet die Überschrift, und es ist bezeichnend für Crescentia, daß sie zunächst Forderungen an sich selbst stellt. Die *eigene Vollkommenheit* muß angestrebt werden, heißt es gleich zu Beginn, ohne sie *kann ich meinen Untergebenen nichts nützen.* Sie verlangte deshalb von sich als Oberin, daß sie ihr geistliches Leben mit Betrachtung *insonderheit das bittere Leiden und Sterben Jesu Christi* und Gewissenserforschung so gewissenhaft wie möglich führe, damit ihr Beispiel der Gemeinschaft helfe und diese günstig beeinflusse.

Wer an der Spitze stehe, meinte Crescentia, müsse dazu bereit sein, in erster Linie den anderen zu dienen. Nach wie vor übernahm sie auch geringe und unangenehme Aufgaben: *Sie kehrte sorgfältig die Klostergänge und reinigte andere unsaubere Orte. Auch sehr beschwerliche Arbeiten hat sie mit Vorliebe auf sich genommen, damit sie diese anderen abnehme.*

Eine Oberin, so Crescentia, habe Leidenschaft und Zorn unter Kontrolle zu halten. Es gehöre jedoch zu ihren Pflichten, notwendige Ermahnungen oder gegebenenfalls auch Tadel auszusprechen – selbst wenn ihr dies persönlich unangenehm ist oder wenn sie spürt, daß dies in der Klostergemeinschaft Mißstimmung hervorruft und sie gar nur Undank dafür zu erwarten hat. Eine Oberin kann eben nicht nur angenehme Maßnahmen anordnen, sondern muß wegen ihrer Verantwortung gegenüber Gott und der Klostergemeinschaft auch unangenehme Entscheidungen treffen.

Crescentia hat dies stets konsequent getan. Sie korrigierte, ermahnte, wo es nötig war, und bestrafte Vergehen. Wie Pater Pamer schreibt, wußte sie *die Strenge mit solcher Freundlichkeit und Liebenswürdigkeit zu würzen, daß sie nicht den Fehlenden selbst nahezutreten schien, sondern lediglich nur dem Fehler, den diese begangen hatten.* Mit Disziplinarmaßnahmen wartete sie jedoch stets, bis der eigene *Unwillen vergangen,* der Ärger vorbei war, damit die Entscheidungen sachlich blieben. Sie legte großen Wert darauf, daß Fehler einer Mitschwester nach Möglichkeit nicht öffentlich benannt oder bestraft wurden, ausgenommen natürlich den Fall, daß bereits alle im Konvent wußten, was geschehen war. Sobald aber eine Sache erledigt war, sollte für die Zukunft *alles in Verges-*

senheit kommen und ihr (der betreffenden Schwester) *nicht mehr vor* (ge)*halten* (werden).

Für notwendig sah es Crescentia an, daß gehässige Reden oder Geschwätz über andere unterblieben. Die Oberin dürfe nicht irgendwelchen Gerüchten glauben, sondern nur dem, was sie selbst gesehen habe. Wer eine Mitschwester gekränkt habe, müsse umgehend Abbitte leisten.

Für wichtiger als sämtliche Strafen oder Bußübungen hielt Crescentia den verständnisvollen Umgang miteinander. Mindestens einmal in der Woche führte sie mit jeder Schwester ein Gespräch und suchte sie zu *trösten, wenn es braucht.* Gut und liebevoll sprach sie vor allem mit solchen Schwestern, die Sorgen oder irgendwelchen Kummer hatten oder denen etwas verweigert werden mußte. *Mit betrübten und angefochtenen Seelen muß man liebreich umgehen,* lautete ihr Grundsatz.

Mit ihren Anliegen und Sorgen konnten die Schwestern jederzeit zu ihr kommen. Sie war stets bereit, auf die Wünsche des Konvents einzugehen, soweit es sich ermöglichen ließ. Waren solche Anliegen nicht mit dem Klosterleben zu vereinbaren, pflegte sie die Personen, denen etwas abgewiesen werden mußte, *lieb* (zu) *trösten.*

In zahlreichen Punkten befaßte sich Crescentia mit dem klösterlichen Alltag. Dabei wird stets ihre Sorge für die Mitschwestern spürbar. Speisen und Getränke sollten nicht nur reichlich, sondern vor allem bekömmlich sein. Auch hier zeigten sich ihre Fürsorge und Zuneigung. *Damit ich die Liebe und das Vertrauen meiner Untergebenen gewinne,* schrieb sie, *will ich ihnen öfters extra was zu essen und zu trinken geben.*

Sie betrachtete es als Pflicht der Oberin, sich um die genaue Einhaltung der klösterlichen Vorschriften und Regeln zu kümmern. Darin sah sie die Grundlage des Klosterlebens, und sie kontrollierte auch Kleinigkeiten, selbst wenn ihr dies nicht immer angenehm war. Auf genaue Erfüllung der *Tagordnung* legte sie großen Wert: *In der Früh muß man fleißig aufstehen zu der Andacht und nicht länger aus Saumseligkeit im Bett bleiben. (...) Ohne wichtige Ursach will ich niemal dispensieren wegen dem Chor.*

Das Leben der Schwestern sollte von Einfachheit und Demut geprägt sein. Öfters visitierte sie die Zellen und nahm *vornehmere Sachen heraus*. Keine Schwester durfte ohne Genehmigung der Oberin etwas annehmen oder wegschenken, Briefe erhalten oder absenden. Nur mit Erlaubnis der Oberin durfte die Pförtnerin den Schwestern etwas weitergeben oder ausrichten. Keine Schwester durfte *auswärtige Personen in die Zell* lassen oder Handwerker bestellen.

Novizinnen mußten sich besonders genau an die *Tagordnung* im Kloster halten. Wer dazu nicht bereit war, dem legte Crescentia den Austritt nahe. Das Beispiel der älteren Schwestern sollte die jungen zum Guten beeinflussen und formen.

Es war Crescentias besonderes Anliegen, daß im Kloster nicht Traurigkeit, sondern Freude und Fröhlichkeit herrschten, ihrem Grundsatz entsprechend, daß dem, der Gott liebt, Fröhlichkeit gegeben ist. *Mir ist lieber ein fröhliches Gemüth, als Traurigkeit,* heißt es in den *Anweisungen.* Pater Pamer überliefert ihre Aufforderung an die Schwestern: *Traurige und beunruhigende Gedanken seien aus unserer Mitte verbannt. Einen ruhigen und heiteren Geist liebt Gott, nicht aber einen, der von Wolken verdüstert und von bitterer Galle verdorben ist.*

Crescentia war, wie Eusebius Amort und Johann Baptist Bassi 1744 bei ihren Befragungen im Kloster feststellten, *immer vergnügt und fröhlich, nie traurig und melancholisch.*

Freude in Gott und Fröhlichkeit waren bestimmende Wesenszüge von Crescentia , die sich verstärkten, je mehr sie sich bemühte, Christus durch Leiden und Schmerzen ähnlich zu werden. Deshalb trifft auch die Vorstellung von Crescentia als der frommen, gesundheitlich labilen und meist weltfremd im mystischen Bereich schwebenden Klosterfrau nicht zu. Dieses Bild entsprach eher den Erwartungen, die man sich im 19. Jahrhundert von einer Heiligen machte und durch die man auch den Seligsprechungsprozeß zu befördern hoffte.

Natürlich war sie eine von Gott auf vielfältige Weise ausgezeichnete Mystikerin, aber keine, die nur mit geschlossenen Augen ihrer Frömmigkeit lebte, sondern eine Frau, deren Augen für die Nöte und Sorgen ihrer Mitmenschen aufmerksam geöffnet waren.

Es ist bezeichnend für sie, daß sie nie mochte, wenn man von ihren Krankheiten sprach, die ihr oft erhebliche Schwierigkeiten machten. *Was ihre Gesundheit anbelangt,* schrieb die Oberin Johanna Altwöger schon im März 1727 an die Novizenmeisterin im Dillinger Franziskanerinnenkloster, *so macht sie niemals etwas daraus, es steht bei ihr immer gut, und wenn sie mit jemandem redet, so ist sie jederzeit fröhlich. Man kann nichts vermuten, aber sie hat große Schmerzen, doch hält sie alles verborgen.*

Ihr Leben war geprägt von der Sicherheit, daß es von Gott geführt wurde und von ihrem Bestreben, in Übereinstimmung mit ihm zu leben. Deshalb konnte sie auch einer Franziskanerin in Mindelheim mit geradezu beschwörender Strenge schreiben: *Liebes Kind, leben Sie wohl und seien Sie fein lustig; Sie haben keine Ursache, traurig zu sein, glauben Sie meinen Worten.*

Ähnlich lautete auch ihre Aufforderung an eine andere Schwester im Mindelheimer Konvent: *Es wäre mir eine große Freid,* heißt es da, *wann ich einmal vernehmen tät, daß Sie mit Gott vergniegt wären und sich gänzlich in den göttlichen Willen ergeben.*

Dazu kam ihre Tatkraft im Leben. Sie hielt es nicht für gut, bloß abzuwarten, was Gott vielleicht vorhatte, sondern bemühte sich entschieden, das durchzusetzen, was sie für richtig erkannt hatte. Selbst noch unmittelbar vor ihrem Tod regelte sie alles Nötige.

Die Aufgaben im Kloster verteilte sie nach den jeweiligen Fähigkeiten der Schwestern und, wie diese feststellten, *allein nach Gerechtigkeit.*

Konvent und Außenstehende rühmten Crescentias Weisheit und ihre Vernunft. Sie verstand es, klug abzuwägen, Vor- und Nachteile zu bedenken und für alles eine möglichst günstige Lösung zu finden. Ihre Anweisungen waren oft mit gelassenem Humor gewürzt, stets aber von wohltuender Herzlichkeit. Nach dem Zeugnis der Schwester Franziska Remin, die 1736 ins Kloster eingetreten war, war Crescentia davon überzeugt, daß Weisheit und Klugheit zu den *allernotwendigsten Tugenden* gehören. Sie bestätigte, daß sie (Crescentia) *mit einer hochvernünftigen Weisheit begabt gewesen ist, mit welcher sie ihr ganzes Leben und alle üblichen Tugenden regierte, in denen sie sich zeit ihres Lebens auf das vollkommenste geübt hat.*

Gabriele Mörz bestätigte diese Beobachtung: *Um ein schwieriges Geschäft durchzuführen, gebrauchte sie fleißig die Vernunft. Sie überlegte genau den Anfang eines Werkes, die Fortsetzung und das Ende und sah, was dabei Gutes oder Übles entstehen könnte; sie bedachte die bequemsten* (geeignetsten) *Mittel, das Werk zu dem gewünschten Ziel zu führen. Weil sie aber gegen sich selbst und ihren Verstand das größte Mißtrauen hegte, fragte sie immer auch andere um Rat, am meisten aber wandte sie sich zu Gott und flehte ihn um seine Erleuchtung und seinen göttlichen Beistand an.*

Um die Größe des Konvents war Crescentia nicht besorgt. *Ich will nicht die Zahl der Klosterfrauen vermehren,* stellte sie fest, *sondern ihre Tugenden.* Sie war davon überzeugt, daß nicht die Anzahl der Schwestern entscheidend sei, sondern die Qualität ihres geistlichen Lebens. Deshalb äußerte sie auf Anfragen wiederholt, daß es für ein Kloster ganz selbstverständlich sein müsse, ungehorsame oder aufmüpfige Novizinnen wegzuschicken, sonst würde die gesamte Gemeinschaft darunter leiden.

Crescentia wirtschaftete sehr sparsam, und die Schwestern merkten oft, wie sehr sie darauf achtete, daß auch Geringfügiges nicht weggeworfen wurde, daß kein Scheit Holz mehr als nötig in den Ofen kam und kein Linsenkörnchen verlorenging. Diese Sorgfalt und die vielen Geschenke, die sie von Gönnern erhielt, ermöglichten es ihr, gegen Notleidende großzügig zu sein. Als z.B. 1735 das Franziskanerinnenkloster in Günzburg abbrannte, half sie umgehend und freigebig. *Die fromme Crescentia,* heißt es in der dortigen Chronik, *hat bei ihren Guttätern erbettelt als Brandsteuer 50 Gulden, auch vom Kloster geschickt zwei Fässer mit Betten-Leinwand.* Diese Handlungsweise war für Crescentias praktische Denkweise bezeichnend. Das Geld brauchte man natürlich notwendig für den Wiederaufbau. Aber zunächst mußte man das Unterkommen der Schwestern sichern, und deshalb wurde ihnen umgehend Bettwäsche geschickt.

Wichtiges Anliegen Crescentias war von Anfang an das Almosen für die Armen. Die Legende verklärte dies und erzählt von der wunderbaren Vermehrung der Brote in ihrem Korb, aus dem sie austeilte. Der Korb ist noch heute in der Crescentia-Gedenkstätte des Klosters zu sehen. Der ganz reale Hintergrund für die große Menge an Lebensmitteln, die ausgegeben wurden, ist jedoch die Tatsache, daß Crescentia bei ihrem Amtsantritt die Summe für Bedürftige vervielfachte. Sie war dazu in der Lage, weil sie von vielen Seiten unterstützt wurde. Klöster wie Ottobeuren und Irsee schickten ihr z. B. immer wieder eine Fuhre mit Getreide.

Aus eigener Erfahrung im Elternhaus kannte sie die schwierige wirtschaftliche Lage der Handwerker. Sie sorgte deshalb dafür, daß gelieferte Waren und ausgeführte Arbeiten stets sofort und vollständig bezahlt wurden. Gerne legte sie dann noch ein Geschenk für die Meisterin oder die Kinder bei.

Das Bild von Crescentia als Oberin bliebe unvollständig ohne den Hinweis auf ihre Freude an allem Schönen als Abglanz des Göttlichen auf Erden und ihre Aufgeschlossenheit für Kunst, Musik und Literatur.

Sie kaufte kostbare kirchliche Geräte und Paramente, weil sie davon überzeugt war, daß für den Gebrauch beim Gottesdienst das Beste eben gut genug war. Wenn sie entsprechende Stoffe bestellte, dann vermerkte sie, daß die gute Qualität wichtiger sei als der Preis. Weil ihr die äußere Form des Gottesdienstes aus Ehrfurcht vor Gott und dem Geheimnis des Kreuzesopfers und der Erlösung so wichtig war, stiftete sie auch für andere Kirchen gelegentlich ein Meßgewand, z. B. für die ehemalige Wallfahrtskapelle zur Schmerzhaften Muttergottes, die um 1700 zwei Kilometer nördlich von Ebenhofen erbaut worden war und zu der auch Abt Willibald Grindl von Irsee gerne wallfahrte. Unmittelbar vor seinem plötzlichen Tod am 17. September 1731 hatte er noch die Kapelle aufgesucht.

Im Jahrtagsbuch des Zisterzienserinnenklosters Kirchheim im Ries wurde 1744 der Tod von Crescentia Höß vermerkt und dankbar daran erinnert, daß *die gottseelige Fr. Maria Crescentia Hessin (...) unserm Gottshauß vill Guettes erwißen undt unser Ewige Vorbitterin bey Gott zu sein versprochen.*

Die Kirchenwäsche mußte peinlich sauber sein, vor allem das Corporale, auf dem die Hostie lag und der Kelch stand. Den Altar ließ sie kostbar ausgestalten und schön schmücken.

Für das Heilig-Geist-Bild von Ruffini erwarb sie einen wertvollen Baldachin, der nach ihren Vorstellungen angefertigt wurde. Die beträchtliche Summe von 50 Gulden, die der Baldachin kostete, erhielt sie von der bayerischen Kurfürstin Maria Amalia.

Crescentia war nicht nur eine vorzügliche Köchin, sondern hatte von ihrer Mutter auch Nähen gelernt. Gerne schneiderte sie für Jesuskind-Figuren, die ihr vielfach geschenkt wurden, verschiedene Kleider und zog die Figuren dem Kirchenjahr entsprechend an. Sie bekleidete auch die silberne Heilig-Geist-Figur, welche die bayerische Kurfürstin für sie in Augsburg hatte herstellen lassen und die vermutlich nach der Säkularisation eingeschmolzen wurde.

Crescentia hatte rasch erkannt, welche Möglichkeiten durch die bildliche Darstellung gegeben waren. Eine gute künstlerische Arbeit konnte eine weit stärkere Wirkung auf den Betrachter ausüben als viele Worte. Mit zahlreichen Künstlern hatte sie persönlichen Kontakt, z. B. mit Magnus Remy, der um 1720 den *Schulterwundenheiland* nach ihren Angaben malte, oder mit Joseph Ruffini. Er schuf entsprechend ihrer Visionen 1738 das Heilig-Geist-Bild und hat sie vielleicht auch porträtiert. Zu den Künstlern, die ihr wohl mit Sicherheit gut bekannt waren, gehörte der Augsburger Kupferstecher Simon Thaddäus Sondermayr, den die Oberin Johanna nach Kaufbeuren kommen ließ und beauftragte, einen Stich vom Heilig-Geist-Bild Ruffinis anzufertigen, sowie der hervorragende Zeichner, Maler und Freskant Gottfried Bernhard Göz, der erstmals die Hl. Dreifaltigkeit nach Crescentias Vorstellungen darstellte und wie Sondermayr Ruffinis Gemälde als Vorlage zu einem Kupferstich für Andachtsbildchen zeichnete.

Crescentia erwarb kostbare Kreuze, fromme Bilder und Figuren, und da man wußte, wie sehr sie so etwas schätzte, bekam sie vieles geschenkt und gab es gerne weiter.

Sie selbst sammelte Wachsstöcke, die ihr von Bekannten häufig geschenkt wurden. In diesen Zusammenhang gehört auch ein Brief an den Pfarrer und Kammerer Georg Fischer in Oberostendorf vom 18. Januar 1714, einer der wenigen Briefe, die vermutlich von Crescentia selbst geschrieben wurden und erhalten geblieben sind. Von Fischer hatte sie wohl zu Weihnachten 1713 einen Wachsstock geschenkt bekommen, für den sie sich nun in humorvoller Weise bedankte:

Weil das neue Jahr schon vielfältig angewünscht worden ist, so wünsche ich alleinig vom Geber alles Guten, daß er all dieses durch seine Gnade Ihnen für das begonnene und die kommenden Jahre verleihen möge. Den schönen, großen Wachsstock habe ich durch den Herrn Dekan (Dr. Thomas Damian Kuile, Stadtpfarrer von St. Martin, langjähriger Klosterbeichtvater und einer der großen Förderer und Wohltäter der Stadt Kaufbeuren, der Jesuiten und der Franziskanerinnen) *mit höchster Freude empfangen und sage tausendfach Vergelts Gott dafür. Ich werde es nicht unterlassen, in meinem Gebete den lieben Gott um Vergeltung statt meiner zu bitten. Ich habe es wohl niemals verdient, noch weiß ich es abzuverdienen; es ist allein Ihre große Güte die Ursache und die Fürsprache Ew. Hochwürden Herrn Dekan. Es wird bei mir wahr das Sprichwort: Je schlimmer die Leute, je größer das Glück. Man hat* (für diesen großen Wachsstock) *gewiß das Maß von Ostendorf bis nach Kaufbeuren daran genommen. Ich glaube, es würde fast reichen, Gott gebe Ihnen einen ewigen Wachsstock dafür. Wenn ich ihn brenne, will ich fleißig für Sie beten. Mein Marei* (ihr Körper) *wird ein rechtes Gesicht machen, sie kann so etwas nicht sehen vor lauter Neid* (auf die Dicke des Wachsstocks)*; es tun ihr die Backen*(knochen) *schier die Augen ausstechen, so dürr wird sie. Ich bin zwar froh, so kann ich eine Hoffnung haben, bald von ihr zu kommen* (zu ster-

Aus dünnen Wachssträngen wickelten Wachszieher über zusammenlegbare „Leghölzer" (die nachher herausgenommen wurden) **Wachsstöcke**. Diese wurden nach Gewicht hergestellt und verkauft. In reich verzierter Form wurden sie aufbewahrt, in einfacherer Form bei Gottesdiensten (Rorateämter, Seelenmessen, Rosenkränze) angezündet.

ben). *Schon seit 30 Jahren* (Crescentia war gerade 32 Jahre alt) *freue ich mich auf diesen Tag, wenn er nur bald kommen würde, daß wir miteinander Schlitten fahren könnten.*

Crescentia sang gerne und vorzüglich, dazu spielte sie das sogenannte *Trumscheit,* ein einfaches Streichinstrument, das unter dem Namen *Nonnentrompete* bekannt war, weil es in Frauenklöstern wegen seines schmetternden Klangs als Ersatz für die Trompete verwendet wurde.

Auch wenn Crescentia das irdische Leben nur als Bewährung und Vorbereitung für das Jenseits ansah, so war sie durchaus keine lebens- oder weltverneinende Frau. Während der Jahre, in denen sie als Oberin die Verantwortung für das Kloster hatte, ließ sie an Festtagen oder wenn hohe Besuche im Kloster waren, gerne während des Essens nicht nur gut kochen, sondern auch Tafelmusik machen. Mit Vorliebe wählte sie Stücke aus dem *Ohrenvergnügenden und gemüthergözenden Tafel-Konfekt* des Benediktiners Valentin Rathgeber vom Kloster Banz. Besonders gut gefielen ihr heitere Lieder wie der alte Klosterscherz vom ehrwürdigen Bart der Kapuziner oder das Quodlibet *Von allerhand Nasen,* das sie mit Vergnügen und wohl auch mit einer gewissen Selbstironie hörte, denn ihre eigene Nase war, wie die Porträts übereinstimmend zeigen, auffallend markant, noch unterstützt durch die hageren Wangen, von denen sie im oben zitierten Brief geschrieben hat. Auf uns wirkt durchaus sympathisch, was Eusebius Amort 1744 in trockener Pedanterie als zu weltlich tadelte, nämlich ihre Freude an Zierrat in der Kirche und in Gemeinschaftsräumen des Klosters, an Schelmenliedchen und weltlicher Musik, an Gärten und Blumen oder auch an Pferden.

Crescentia verfaßte nicht nur Gebete für viele Anlässe, sondern dichtete auch geistliche Texte, z. B. die Vierzeiler zu den Stationen des Kreuzwegs im Konventgebäude der Schwestern und das sogenannte *Leidenslied* mit dem Titel *Von der süßen Hand Gottes,* zu dem es eine kleine Melodie mit leichtem, fast tänzerischem Charakter gibt, die ihr zugeschrieben wird. Sie paßt zu der Freude, mit der Crescentia stets Leiden und

Schmerzen auf sich genommen hat, weil sie in ihnen eine Möglichkeit sah, Christus immer ähnlicher zu werden. In 22 Strophen beschreibt sie, wie Gott die menschliche Seele durch Leid und Schmerz zur Vollkommenheit führt. Sie belegt dies mit Hilfe von anschaulichen Bildern aus dem Alltag. Da ist z. B. der Ball, der um so höher fliegt, je stärker der Spieler zuschlägt. Wenn der Schnitzer ein Kunstwerk schaffen will, müssen Späne fallen, und der Gärtner muß das Bäumchen beschneiden, wenn es ordentlich wachsen soll. Nur durch Schläge kann der Schmied das Eisen formen, die Blume muß verblühen, damit der Same reifen kann, und die Register der Orgel erklingen nur, wenn die Tasten hinuntergedrückt werden.

Crescentias Leidenslied

1.
Die süße Hand Gottes ermuntert mein Herz
Und machet, daß ich mit mei'm Unglück nur scherz.
Es dünkt mich als ob Gott Ballon mit mir schlüg,
Je stärker er zuschlagt, je höher ich flieg.
2.
Ich muß zwar bekennen, Gott hoblet mich sehr,
Er haut mich, er schneidt mich, doch fallt mir nichts schwer.
Willst wissen, warum so? Ich halte dafür,
Gott schnitzelt halt gern einen Engel aus mir.
3.
Es kränkt mich nit, daß nur ein Krüppel ich bin,
Wer weiß, ob in mein'm Unglück keine Sterne darin?
Das weiß ich, wie sich Gott in Krüppel verliebt,
Weil er als mein Bruder sein Kurzweil drin übt.
4.
Ich lache, wann jemand mein Zustand beklagt,
Denk, daß die Hand Gottes nur stets mit mir schlagt.
Ei! scherze der Himmel und kurzweil mit mir,
Du üppige Erde, was frag ich nach dir?

5.
Ich als ein jungs Bäumlein im Garten da bin,
Gott selbst ist der Gärtner und biegt mich zu ihm.
Er stutzet und butzet darum meine Zweig,
Damit ich mehr wachse und höher auch steig.
6.
Ich bin ja ganz fröhlig im Unglück bestellt,
Es rupfe der Teufel, es zupfe die Welt.
Sitz besser im Unglück, drum gib mich darein,
So komm ich viel leichter in Himmel hinein.
7.
Acht also kein Unglück, so groß es auch sei,
Wann nur die Hand Gottes arbeitet dabei,
Dann Stahl und das Eisen wird g'schwinder bewegt,
Je stärker der Meister mit Hammer drauf schlägt.
8.
Ich spür, o Hand Gottes, wie solches mir nutzt,
Daß du mir ein wenig die Flügel gestutzt.
Mein Füße, wie viel spart ihr müßige Tritt,
Weil euch die Hand Gottes den Austritt verbiet.
9.
Was klagt ihr das Hemmen, ihr meine Gebein?
Ihr geht desto leichter ins Himmelreich ein.
Bleibt ihr stets dahinten, laßt Gott nur den Lauf,
So kommt ihr geschwinder und sicher hinauf.
10.
O ihr meine Glieder seid Blumen im Feld,
Gebt acht auf das Fleische, gebt acht auf die Welt!
's ist besser im Beetlein, drum pflanzt euch Gott drein,
Da steht ihr ganz sicher, drum schickt euch darein.
11.
Was schads euch ihr Augen, wenn ihr schon zerfließt?
So machts auch der Rebstock, wenn's G'schoß hervor schießt.
Er lacht, wenn eine Träne zwei Trauben gebärt,
So wird auch eur Weinen in Lachen verkehrt.

12.

Ihr Augen, hätt euch die Hand Gottes nit g'rührt,
Sagt, wie oft ihr wäret ins Irrland spaziert?
Ihr Ohren, was hätt ihr für Zungen gehört,
Wenn euch die Hand Gottes die Haus-Tür nit g'sperrt.

13.

Ich sag zwar oft zu mir: Du Blumen der Blühe
Sollst dann schon verwelken, ist ja noch zu frühe?
Das schmerzt mich zwar bitter, doch denk ich gleich drauf:
Laß Blätter nur fallen, der Samen geht auf.

14.

Wenn also schon immer mit Unlust geplagt,
Als wie ein Meer-Wellen die andre nur schlagt,
Was ist's? Die Hand Gottes zu fischen verlangt,
Je trüber das Wasser, je mehrer er fangt.

15.

Gott drückt mich zwar schmerzlich, doch leid mit Geduld,
Und denk bei mir selbsten, du hast es verschuldt.
Siehe! wenn man will orglen, so tönet es nit,
Bis man mit den Füßen die Bälg hinab tritt.

16.

Laß plagen, laß schlagen, es muß ja so sein!
Wenn man will in die himmlische Scheuren hinein.
Viel Garben und Strohwüsch nichts nutzen im Haus,
Wenn nicht schlagt der Drescher die Weizen heraus.

17.

Es spielt die Hand Gottes nur eine kurze Zeit,
Nach Regen folgt Sonne, nach Leid folgt nur Freud.
Sie spannt mich und ziehet, bis die Saiten springt;
Wenn sie nur nach Geigen das Schwanen-Lied singt.

18.

Unglücklich zu leben bin ich schon bereit,
Bis mir die Hand Gottes den Faden abschneidt;
Gib das Fleisch den Würme(r)n, die Beine der Erd,
Die Seel nach dem Unglück dem Himmel zug'hört.

19.
So bin ich, o Jesu, zu blühen bereit,
Bis mir die Hand Gottes den Stengel abschneidt.
Und mich als ein doppelte Schenkung verehrt,
Die Blumen dem Himmel, den Samen der Erd.
20.
O süße Hand Gottes! wenn ich dich betracht,
So hast du mir einzig die Ruhstatt gemacht;
Ich sing jetzt viel heller und reiner im Geist,
Weil mir die Hand Gottes den Takt dazu leist.
21.
Wenn ich ganz verlassen im Unglück und Leid,
So denk (ich) bei mir selber, Gott hat nur sein Freud,
Er machts wie ein Jäger, so Wild schießen will,
Er bergt sich vor selbem und haltet sich still.
22.
So sei es beschlossen und bleibe darbei,
Hier schneide, hier brenne, dort gnädig mir sei.
Zur Dankbarkeit will ich noch schreiben aufs Grab,
Daß mich das Unglück erst glücklich g'macht hab.

Veröffentlicht wurde das *Leidenslied* 1771 im *Christ-Catholischen Neuvermehrten Gesangbüchlein* unter dem Titel *Crescentias Leibstuck.* 1808 nahm Clemens Brentano die Strophen eins, zwei, drei und fünf in den zweiten Band seiner Sammlung *Des Knaben Wunderhorn* auf und gab ihnen den Titel *Letzter Zweck aller Krüppelei. Altes Manuskript.* Er hatte das Lied durch seine Großmutter kennengelernt, die 1731 in Kaufbeuren geborene Sophie von La Roche. Sie hatte ihren Enkeln von der frommen und hilfreichen Schwester Crescentia in Kaufbeuren erzählt und sich als deren Landsmännin bezeichnet. Ihr Mann, Georg Michael von La Roche, war 1770 in die Dienste des Erzbischofs und Kurfürsten Clemens Wenzeslaus von Trier getreten, der seit 1768 auch Bischof von Augsburg war, Crescentia sehr verehrte und 1775 den Prozeß zur Seligsprechung eröffnete.
An Festtagen lud Crescentia gerne Gäste ins Kloster, vor allem natürlich die Geistlichen, die den Festgottesdienst zelebriert

hatten. So bat sie Ende Juli 1741 Abt Bernhard Beck vom benachbarten Benediktinerstift Irsee *demütigst und freundlichst* darum, das Portiunkulafest mit den Schwestern zu feiern. *Sie werden uns doch diese große Gnade und Ehre erzeigen,* schrieb sie, *besonders zur göttlichen Ehre und dann für uns Sämtliche, mit Ihrer hohen Gegenwart diesen Festtag (zu) zieren und dann die fernere Gnade zu erweisen, mit unserm gar geringen Mittagssüpplein bei uns gnädigst vorlieb zu nehmen. Obwohl wir freilich nicht nach Gebühr Euer Hochwürden und Gnaden bedienen können, so werden wir doch nach unsern schwachen Kräften tun, was möglich ist.*

Da Irsee wegen seiner vorzüglichen Musikpflege weithin berühmt war, versäumte sie nicht, im gleichen Brief *um eine andere* (weitere) *Gnade* zu bitten, nämlich *aus dem hochlöblichen Konvent noch einen Herrn Amt-Singer* für den feierlichen Gottesdienst zu schicken.

Besonders schätzte Crescentia Kontakte und Gespräche mit dem frommen und klugen Irseer Prior Pater Meinrad Spieß. Er war ein bedeutender Komponist, der vor allem kirchenmusikalische Werke schrieb, und der wichtigste Musiktheoretiker Süddeutschlands seiner Zeit. Die religiöse und kulturelle Blüte Irsees um die Mitte des 18. Jahrhunderts ist auch ihm zu verdanken.

Für wie bedeutsam man seine Kontakte zu Crescentia hielt, zeigt die Tatsache, daß man nach Crescentias Tod wiederholt sein Wissen über sie erfragte und sich an ihn wandte, wenn man wegen irgend einer Sache genauere Auskünfte wünschte. Er veranlaßte wohl auch, daß man auf der großen Glocke des Irseer Geläutes vom Jahre 1755 den Hl. Geist als Person zwischen Gottvater und Gottsohn nach der oben (S. 69 f) erwähnten Zeichnung von Gottfried Bernhard Göz anbringen ließ.

Crescentias herzliche Verbundenheit und zugleich auch ihre liebenswürdige Art zu schreiben und mit anderen Menschen umzugehen, zeigt ihr Weihnachtsbrief an Pater Meinrad Spieß: *Weillen nun die freidenreiche Gedächtnus der gnadenreichen Menschwerdung Jesu Christe herzue nachet und das zue dieser Zeit gewöhnliche Anwinschen der Heyl. Christfeier, so habe auch* (ich) *under anderen wohlmeinenden Glickwinschungen das meinige wollen einmischen, und durch disen Herzens-wunsch den liebvollen Heiland bitten* (wollen), *daß er Ihro Hochwürden Herrn Pater Prior in allen Leibs und Seelen Ver-gnügenheit erhalten wolle. (...) Anbey bitte auch mit bei-ligendten geringen Weynacht Zeltlein vorlieb zue haben, nebst demietiger Bitt, mich sambt allen den meinigen in dero alte Wohlgewogenheit mit dem Neuen Jahr auf ein Neyes lassen befohlen sein.*

Crescentia tauschte mit Pater Meinrad Spieß mehrfach kleine Geschenke aus. Sie erhielt z. B. von ihm einen schönen *Wax-stockh,* für den sie ihm umgehend herzlich dankte und ver-sicherte, daß er ihr *zue einer rechten Freyd* sei. Dafür schenk-te sie ihm *ein geistliches Angedenkhen,* das er bei einem Be-such im Kaufbeurer Kloster gesehen und bewundert hatte, nämlich ein *Bildnus von unserm gekreuzigten Heyland,* das ihr *von einer hohen Persohn verehrt worden* war.

Ab Februar 1742 setzte sich Crescentia für die Aufnahme ih-res Neffen Joachim Heinritz in das Benediktinerkloster Irsee ein, und am 14. Februar dankte sie Abt Bernhard Beck für *die große Gnade, die mir eine rechte geistige Freude gewesen ist, daß mein Vetter* (Neffe) *Joachim in die Ferien und dann in den heiligen Orden in das hochlöbliche Reichsgotteshaus* (Ir-see) *aufgenommen worden ist. Für diese besondere Gnade be-danke ich mich höchst schuldig nochmals schriftlich, demütig und fußfällig. Ich will den lieben Gott in meinem armen Ge-bet bitten, daß er diese große mir erwiesene Gnade Euer Hoch-würden und Gnaden wie auch dem ganzen Reichsgotteshaus vergelten wolle. (...) Er ist allen eine große Freude, der Joachim, der sich Euer Gnaden untertänigst befiehlt, wie auch seine Mut-ter, die für Euer Hochwürden und Gnaden Wohlsein, Ge-sundheit und langjährige Regierung den lieben Gott fleißig bit-ten will. Zu meiner höchstschuldigen Dankbarkeit überschicke ich dieses Beiliegende, mit der Bitte, es in Gnaden anzuneh-men und meine Danksagung nicht zu verschmähen.*

Offensichtlich war der Klostereintritt ihres Neffen in Irsee ihr großer Wunsch, und sie leitete anstelle ihres Neffen und ihrer

Schwester Regina alle Verhandlungen mit dem Kloster. Den Novizenmeister Pater Ämilian Mock fragte sie am 18. März, *was der Joachim noch alles mit der Zeit benötigt.* Pater Ämilian solle das Schreib- und Betpult sowie alle anderen Gegenstände, die zur Aussteuer gehörten, anfertigen lassen und ihr dann die Kosten mitteilen. *Den Schiebeleuchter mit dem Schirm usw. wie auch das Laternlein von Messing gearbeitet und die Ampel und Öl wie es vonnöten ist und Sie es brauchen, lassen Sie auch machen und berichten mir dann über den Preis.* Begeistert stellte sie für den Neffen die Aussteuer zusammen; aber realistisch, wie sie stets zu denken gewöhnt war, legte sie doch auch gleich fest: wenn der Neffe vor Ablegung seiner Profeß sterben sollte, *so wäre es billig, daß es* (das bezahlte Geld) *zurückkäme,* sterbe er nach Ablegung der Profeß, dann gehöre *das Seine dem Kloster.*

Vier Wochen später schickte sie Pater Ämilian 50 Gulden für *den kurzen Habit, Kapuze, Stiefel, Sporn, Strümpfe usw.* Alles zusammen, hatte sie errechnet, macht ungefähr 47 Gulden und 50 Kreuzer. Sie könne aber *nicht alles genau auf den Kreuzer verraten.* Sollte sie zuviel bezahlt haben, so gehöre der Rest dem Kloster; sollte es zu wenig sein, so werde sie sofort Geld schicken. *Ich will nicht,* betonte sie, *daß man irgendwie recht kleinlich sei oder sparsam, sondern was es wert ist und recht, das wolle auf meine Kosten gekauft und gemacht werden.*

Als der Konvent im Juni zustimmte, dankte sie am 12. Juni 1742: *Es ist mir auch eine besondere Gnade gewesen zu hören, daß der Vetter Joachim die Gnade erhalten und in dem stattgefundenen Kapitel aufgenommen worden ist. Es ist mir das Trost und Freude. Gott gebe ihm mit seinen andern Mitnovizen, daß sie beständig seien und rechte Diener Gottes werden.* Schon vier Tage später schrieb sie wiederum an Abt Bernhard Beck. Offensichtlich gab es Leute, die den Neffen besser im Heilig-Geist-Kloster in Memmingen untergebracht wissen wollten. Sie hatte dorthin jedoch keine Beziehungen und bevorzugte Irsee, dessen vorzüglichen geistlichen, wissenschaftlichen und kulturellen Ruf sie kannte. Dem Abt dankte sie zunächst nochmals für die Aufnahme und erwähnte dann energisch die Ablehnung der Memminger Pläne: *Es* (daß eine hl. Messe für sie gelesen wurde) *ist mir zur großen Freude gewesen wie auch die Botschaft, daß Euer Hochwürden und Gnaden noch vor den Ferien den Joachim ins Noviziat aufzunehmen gewillt sind. Dieses zu vernehmen war mir über alles erfreulich. Er hat ziemlich viele Schwierigkeiten wegen Irsee und ich noch mehr. Es ist mir kürzlich geschrieben worden, ich solle den Joachim prüfen, ob er Lust habe nach Irsee, ob er nicht lieber nach Heiliggeist in Memmingen ginge. Aber ich habe keine Antwort gegeben und bin auch nicht willens, eine zu geben. Andere Leute brauchen sich nicht* (zu) *sorgen um ihn. Es ist seine Freude und sein Verlangen, bei Ihnen zu sein. Wenn nur Gott bald die Zeit gäbe. Er wartet mit Verlangen darnach. Ich finde nichts anderes bei ihm, als daß er beständig ist. Gott gebe seine Gnade.*

Zum Dank für die Aufnahme ins Noviziat schickte Crescentia ein Meßgewand nach Irsee und dankte nochmals für das Entgegenkommen des Abtes. Bei der großen Zahl an Kandidaten pflegten die Klöster sorgfältig zu prüfen, wer sich charakterlich und im Hinblick auf seine Begabung als geeignet für die Klostergemeinschaft erwies.

Offensichtlich hatte Crescentia wegen ihres Neffen und seiner Lebensgestaltung immer wieder Bedenken, und sie erhoffte, daß Joachim durch die kluge Führung von Abt und Konvent in Irsee ein tüchtiger Mönch und *ein recht nützliches Mitglied* des Klosters werde.

Auch im folgenden Brief vom 19. August stellte sie fest, daß sie dem Abt gar nicht genug dafür danken könne, daß er Joachim aufgenommen habe und daß sie Gott darum bitten werde, *daß er so große besondere Gnaden mit tausend Gnaden hinfür vergelten wolle.* Sie ist ganz besonders dankbar dafür, *daß dieser junge Mensch der heutigen üblen Welt entsagt und in den gnadenreichen hl. Ordensstand versetzt wird.* Auch ihre Schwester Regina lasse danken. Sie wolle für Abt Bernhard *weil sonst unvermöglich fünf hl. Kommunionen aufopfern und 30 Rosenkränze beten mit fußfälliger Danksagung wegen der so großen Gnaden, die ihrem Sohn erzeigt werden.*

Abt Bernhard unterstützte das Kaufbeurer Kloster großzügig. Er schickte Mehl und ein *rares Wildbret* sowie für Crescentia einen schönen Wachsstock. Dafür war sie dankbar; aber im April des Jahres 1743 hörte sie zu ihrem Schrecken, daß ihr Neffe *nicht den Willen hat, in seinem so heiligen Orden, wo er aus besonderer Gnade aufgenommen worden ist, zu bleiben.* Sie bat am 20. April darum, daß man ihn nicht sofort gehen lasse, *sondern ein oder zwei Tage hinziehe, ob ihm nicht die Reue komme und ein heiliger Schrecken ihn zu etwas anderem treibe.*

Abt Bernhard stellte Crescentia in einem eigenhändigen Brief die Situation dar. Am 1. Mai 1743 dankte sie ihm dafür und teilte ihm mit, daß sie schon entschlossen gewesen sei, den jungen Mann *gehen* (zu) *lassen und mich seiner gar nicht mehr an* (zu) *nehmen.* Joachims Verhalten schien ihr ein Erfolg des *höllischen Feindes* zu sein, und sie ersuchte den Abt, er möchte doch den Pater Novizenmeister zu ihr nach Kaufbeuren schicken, damit sie mit ihm über ihren Neffen sprechen könne.

Tatsächlich blieb Joachim zunächst noch, und im Juni bat Crescentia wiederum, der Abt möge für ihren Neffen *wie bisher ein gnädiger Herr und Vater sein, ihn zuweilen aufmuntern, was ihm zum größten Trost sein würde, damit er mit Gottes Gnade alles überwinden möge.*

Am 7. August kündigte sie dem Abt sogar an, daß eine Schwester für einige Stunden zur Aufwartung nach Irsee hinaus kommen werde, vorausgesetzt daß der Pater Provinzial die Erlaubnis hierzu erteilte.

Im Oktober 1743 erfuhr sie vom Abt, daß ihr Neffe Irsee verlassen habe. *Mit welchem Schrecken und Betrübnis ich es gelesen habe, kann ich nicht mit Worten aussprechen noch mit der Feder beschreiben.* Sie versicherte dem Abt, daß man in Irsee mehr für Joachim hätte gar nicht tun können, man habe leider vergeblich auf seine Besserung und auf seine Umkehr gewartet. Jetzt wolle sie wenigstens für *alle großen und vielfachen Gnaden, Zusprechungen, Ermahnungen, Gebete und lange Geduld, die man mit dem undankbaren Menschen gehabt hat,* danken. Sachlich verfügte sie, daß das Kloster von dem bereits übersandten Geld 100 Gulden als *Kostgeld* behalten solle, und erbat das Gebet für Joachim, *daß er in dieser gefahrvollen Welt, in die er sich, ach leider wieder begeben hat, nicht verloren geht.* Bewegend klingt ihr Jammer: *Vor Herzeleid kann ich nicht mehr. Diesen Tag und diese Stunde, an dem ich solches habe vernehmen müssen, werde ich meinen Lebtag nicht vergessen.*

Am 7. März 1744, knapp vier Wochen vor ihrem Tod, schrieb sie dem Abt, der einen Krankenbesuch bei ihr angekündigt hatte, nochmals und bat ihn, nicht zu kommen. Da sie nicht mehr reden könne und sich auf die Ewigkeit vorbereite, solle er *zu Hause bleiben (...); in der Ewigkeit wollen wir einander mit der Gnade Gottes wiedersehen.*

Ebenso gute Kontakte wie mit Irsee pflegte Crescentia auch zu den Jesuiten, die seit 1719 als Beichtväter der Schwestern tätig waren. Zum Franziskusfest am 4. Oktober lud Crescentia regelmäßig die Patres vom Kaufbeurer Jesuitenkolleg ein. Diese kamen natürlich auch zu anderen kirchlichen Festen wie zur Ablegung der Profeß oder zur fröhlichen Unterhaltung am Faschingsdienstag.

Als Crescentia im Januar 1744 wegen der erwarteten Ankunft des Provinzials nicht einladen konnte, schickte sie, wie das Tagebuch des Kollegs berichtet, *Kalbfleisch, Wildpret und Fleisch vom Mastvieh in freigebiger Weise zugleich mit Wein* in die Jesuitenresidenz. Ihr *zu Ehren wurde Rekreation gegeben und aus dem Gesendeten das Mahl bereitet.*

Auch die großen Ottobeurer Äbte, Rupert II. Neß und Anselm Erb, schätzten den brieflichen und persönlichen Umgang mit Crescentia außerordentlich. Crescentia reiste wiederholt nach Ottobeuren und war stets sehr dankbar für den geistigen Austausch und die zahlreichen Anregungen. Andererseits war auch den beiden Äbten sehr an Informationen über Crescentias Frömmigkeit gelegen. Es gab viele religiöse Gespräche und man stimmte in der Verehrung des Leidens Christi (Abt Anselm sandte z. B. 1743 ein Buch über das Leiden Christi) und des Heiligen Geistes überein. Im Zusammenhang mit Crescentias Heilig-Geist-Verehrung war davon bereits die Rede. (S. 64 f).

Crescentia lud die Äbte nach Kaufbeuren ein, und diese schickten ihr wiederholt kleinere und größere Mengen Getreide.

Anfang 1742 sandte Abt Anselm seinen Arzt zu Crescentia. Sie kurierte sich zwar am liebsten nur mit Naturheilmitteln wie ihren Salben und Tees, deren Wirkung sie kannte, aber sie war doch über diese Anteilnahme sehr erfreut und fühlte sich überdies durch die Mitsorge geehrt. An Pater Ämilian in Irsee schrieb sie Mitte April 1742: *Was meine Unpäßlichkeit anbelangt, so finde ich, daß das Mittel von Herrn Doktor von Ottobeuren nicht übel wirkt. Die Geschwulst will sich halt nicht geben und die Blähung, doch was und wie Gott will, das geschehe mit mir.*

Dr. Franz Xaver Joseph von Bingen, *Rath und Leib Medicus* des Augsburger Fürstbischofs Joseph Landgraf von Hessen-Darmstadt, untersuchte Crescentia am 17. März 1742. In seinem Gutachten stellte er fest, daß die *Hochwürdige Frau Patiente schon mehrere Jahre villes zu leyden gehapt* und er nannte Appetitlosigkeit, starke Blähungen, Entzündungen und heftiges Fieber mit beständigem Durst, trockener Zunge und ausgetrocknetem Hals. (Crescentia bemühte sich in Erinnerung an Jesu Durst am Kreuz oft, möglichst wenig zu trinken. Ihrer Gesundheit war dies nicht zuträglich.) Zur Behandlung ordnete der Arzt damals harntreibende und entzündungshemmende Mittel an.

Aufgrund dieses Krankenberichts läßt sich heute keine genaue Diagnose mehr erstellen, doch kann man annehmen, daß Crescentia an Leberzirrhose oder an einem Karzinom des Bauchraumes erkrankt war.

Als Abt Anselm Erb ihr bei einem Besuch in Ottobeuren den dortigen Kreuzweg gezeigt und erklärt hatte, wünschte Crescentia auch für ihr Kloster einen neuen Kreuzweg, und zwar nicht für die Kirche, sondern für den Gang im ersten Stock des Konventgebäudes. Sie erhoffte sich dadurch eine Intensivierung des geistlichen Lebens ihrer Schwestern und vor allem die Förderung der Verehrung des Leidens Christi, das die Schwestern vermehrt in ihren geistlichen Alltag aufnehmen sollten.

Sie beriet sich wegen des ausführenden Künstlers mit Pfarrer Erasmus Oxenreitter in Obergermaringen, der ihr den tüchtigen einheimischen Maler Joseph Schwarz aus Eggenthal empfahl und sie entwarf ein Programm, in dem das Leiden Christi als notwendiger Abschluß der Heilsgeschichte und der Erlösungsnotwendigkeit mit dem Alltag der Schwestern verbunden war.

Die fünfzehn Stationen des Kreuzwegs bedecken die Seitenwände des Konventgangs, unterbrochen durch die ebenfalls von Crescentia ausgedachten und von Schwarz gemalten Türen zu den einzelnen Zellen. Dabei wechselte man zwischen schematisch gemalten Pyramidenbäumen in buntgestreiften Kübeln, die als Symbole des Lebensbaumes verstanden werden können, mit allegorischen Darstellungen, die sich weitgehend auf die Funktionen der damaligen Bewohnerinnen beziehen lassen. Der Springbrunnen z. B. ist ein Hinweis auf die nie versiegenden Wasser des ewigen Lebens. König David, der die Harfe spielt, erinnert an das tägliche Gotteslob im klösterlichen Stundengebet und zugleich an die Tätigkeit der damaligen Bewohnerin, M. Benedikta Bez, die den Klosterchor leitete. Auf der Türe zur Zelle der seligen Crescentia ist im Geäst des mit reichen Früchten behangenen Birnbaums Jesus zu sehen, wie sie ihn in einer ihrer Visionen von ihrem Zellenfenster aus geschaut hatte. Sie war damals wegen der dämonischen Anfechtungen fast verzweifelt, und Jesus tröstete sie. In dem Paradiesgärtlein, das im Klosterhof angelegt war, drängen sich die Schafe um den Stamm und suchen ihren guten Hirten. Unmittelbar neben der Zellentüre verweist eine Darstellung des Opfergangs von Abraham und Isaak mit der Inschrift *Einner Fir alle* auf Christi Opfer am Kreuz. Auf der Türe zur Zelle der Klosterschreiberin M. Anna Neth ist ein schreibender Evangelist abgebildet. Die Türe zur Zelle am östlichen Ende des Ganges, die traditionell der Oberin zustand, schmückt ein üppiger Blumenstrauß. Der Papagei, der am unteren Rand der Vase sitzt, ist ein Hinweis auf die weisen Anordnungen, die von der Oberin erwartet werden; der Rettich im Vordergrund gilt als Zeichen der nötigen und nicht selten auch bitteren Strenge, mit der eine fähige Oberin den Konvent führen muß. Auf der gegenüberliegenden Türe stehen Blumen in einer Vase mit der Form des Totenkopfes, um den sich die Paradiesesschlange mit einem Apfel im Maul windet. Darunter findet sich die Aufschrift *bais drein.* Zusammen mit dem danebenstehenden Stundenglas soll diese Darstellung an den Beginn der Heilsgeschichte durch den Sündenfall im Paradies und zugleich auch an Tod und Vergänglichkeit erinnern.

Dadurch daß der Künstler die Kreuzwegstationen auf Holztafeln malte, diese dann vor die blaugetünchte Wand stellte und die oberen Konturen so aussägte, daß Köpfe und Arme, Helme und Lanzen in die Atmosphäre hineinragen, erhielten sie eine einzigartige perspektivische Wirkung, die durch die Schatten der ausgeschnittenen Objekte noch verstärkt wird.

Den Rahmen für die einzelnen Kreuzwegstationen bilden die dunkelbraun gemalten Türpfosten, die zugleich die Stämme mächtiger Palmen sind, zwischen denen sich die Ereignisse der einzelnen Kreuzwegstationen abspielen. Die freigestellten Palmwedel ragen weit über die Türen hinaus. Damit entsteht der Eindruck einer Palmenallee, bei deren Durchschreiten die Stationen des Leidensweges Christi betrachtet werden können.

Zu den einzelnen Stationen verfaßte Crescentia einfache Vierzeiler, die zur Betrachtung und Versenkung in das Leiden Christi anregen sollten. Z. B. heißt es bei der I. Station:

Mensch wie kanst noch undanckbar seyn,
Da dich der Herr und Schöpffer dein,
Dich zu erretten auß der Noth,
Unschuldig wird verdammt zum Todt.

Und der Vierzeiler zur IIII. Station lautet:

Mein liebste Mutter selbst muß ich
Verlassen, zu erlösen Dich.
Und du boßhafftes Menschen Kind,
Willst nicht abstehen von der Sünd.

Ein Chronogramm über dem Eingang zum Konventgang nennt das Jahr der Fertigstellung: 1743.

Der CreVtz VVeeg
Denn Vnser Herr
IesVs ChrIstVs
geVVanDeret Ist

Als XV. Station ist die legendäre Auffindung des Kreuzes Christi (mit den Symbolen der fünf Wunden: am Querbalken die beiden Hände, am Längsbalken unten die Füße und im Schnittpunkt der Balken das Herz Christi mit der Königskrone) durch die Kaiserin Helena. Neben ihr huldigen allegorische Figuren der damals bekannten vier Erdteile dem Kreuz (von links im Uhrzeigersinn): Europa mit der (Kurfürsten-) Krone und der Papstmitra vorne, Asien, Afrika und Amerika.

In den Kreuzweg integriert wurden zwei Gemälde, die der Irseer Pater Magnus Remy um 1720 nach Visionen Crescentias und wohl auch auf ihren Wunsch gemalt hat: eine Muttergottes und der bekleidete Schulterwundenheiland im Kerker vor der Geiselsäule, der zum Vorbild für zahlreiche Nachbildungen, vor allem in Form geschnitzter Figuren in Kirchen und Kapellen in Süddeutschland, wurde. (Thomas Finkenstaedt hat darauf hingewiesen, daß nach Visionen des hl. Bernhard von Clairvaux die Schulterwunde für Christus besonders schmerzhaft gewesen sein muß. Nach der Darstellung des Volksschriftstellers und Kapuziners Pater Martin von Cochem rutschte das Kreuz immer wieder von der Schulter ab und schabte dabei die Haut an der Schulter ab.)

Bei der XII. Station mit der Darstellung der Kreuzigung ist das Kreuz eingefügt, von dem Crescentia nach der Klosterüberlieferung einst gehört hatte, daß an diesem Ort ihre Wohnung sein werde. Am Kreuzesbalken kniet die hl. Magdalena und reicht Maria ein Tuch zum Trocknen der Tränen. Im Vordergrund links stützen der hl. Johannes und eine Frau im klösterlichen Schleier die ohnmächtig gewordene Gottesmutter. Auf Anweisung von Pfarrer Oxenreitter malte Joseph Schwarz das Gesicht der helfenden Klosterfrau als Porträt Crescentias. Dies sollte eine Überraschung für sie sein, doch sie fand, daß es eine Anmaßung sei, unter dem Kreuz stehen zu wollen.

Crescentia hatte, wie der Künstler Joseph Schwarz überlieferte, *kheine einzig Freudt bey denen Stationen (...) und verlangte
die Austilgung ihrer Bildnussen: „Disse Affengefrieser miessen
fort, koste es, was es wolle."*
Pfarrer Oxenreitter, der wohl eine freudige und dankbare Äußerung Crescentias erwartet hatte, ärgerte sich nun ebenfalls und
wurde *sehr hitzig und zornig*. Er weigerte sich, an der Darstellung etwas verändern zu lassen. Betrübt stellte der Maler
fest: *Und hat die Muetter Crescentia von selbiger Zeit an weder
den Herr Pfarrer, weder mich mehr gemögt.*
Diese bestand auf einer Abänderung des Bildes und verlangte
anstatt dieses Musters (abfällige Bezeichnung für ein weibli-
ches Wesen)*, also nennete sie sich selbst, etwas Gescheideres
hin zue mahlen.* Schließlich versprach Schwarz, dies zu erle-
digen, sobald er von einer bereits fest eingeplanten Reise zurück
sei. Als er wieder kam, war Crescentia bereits verstorben.
Außer einigen Kratzern, die Crescentia ihrem Porträt zugefügt
hatte, blieb es bis in die erste Hälfte des 20. Jahrhunderts als
kostbares Zeugnis für ihr Aussehen erhalten. Dann ließ es eine falsch beratene Oberin abändern, doch wurde später versucht, es soweit wie möglich wiederherzustellen.
Von Crescentia gibt es eine große Zahl von Porträts, die bereits zu ihren Lebzeiten entstanden sind. Die Schwestern im
Kloster wollten selbstverständlich ihr Bild haben, außerdem
gab es derartige Wünsche von vielen hochgestellten Persönlichkeiten wie der bayerischen Kurfürstin Maria Amalia oder
dem Kurfürsten Clemens August in Köln, die Crescentias Portrait in ihren Privaträumen aufhängten.
Von keinem der erhaltenen Bilder kennen wir den Maler, doch
hat z. B. Joseph Schwarz in seinen Aufzeichnungen überliefert,
daß er mit solchen Portraits beauftragt wurde: *Under anderem
mueste ich mahlen drey portrait, oder bildnusen, der Lieben
Muetter Crescentia, so dazumahl Oberin des Klosters zue Kaufbeyren ware.* Amort und Bassi vermuteten, daß auch Joseph
Ruffini Crescentia gemalt hat. Von mehr oder weniger fähigen
Malern wurden zahlreiche Kopien mit unterschiedlicher Qualität hergestellt.

III. Tod und Verehrung

Crescentias Sterben

Große Festzeiten wie Weihnachten, Ostern und Pfingsten feierte Crescentia stets mit besonderer Freude und Hingabe. In der Intensität ihres Gebets und der Konzentration auf das jeweilige Fest empfand sie dabei in beglückender Weise Gottes unmittelbare Gegenwart. Ihr damaliger Beichtvater, der Jesuitenpater Johann Baptist Pamer, berichtete am 10. Mai 1744 einem Freund von Crescentias Weihnachten 1743: *Sie hat mir vertraut (...) es seie zur hl. Weihnachtszeit ihr das liebe Jesuskindlein erschienen, hätte ein Pilgermäntele an und ein* (Pilger-) *Stäbelein, ging auch eilfertig einher. Sie fragte, wohin es also eile, es widersetzte* (antwortete) *ihr: in die Ewigkeit. Aus diesem erkenne sie in die Ewigkeit abgefordert zu werden.*

Diese Vermutung machte ihr freilich keinen Kummer, sondern erschien ihr eher wie die Verheißung auf die Rückkehr in die ewige Heimat. Überdies sprach sie nur gegenüber dem Beichtvater davon, und ihr Leben im Kloster verlief so wie immer.

Zu Beginn der Fastenzeit erkrankte Crescentia. Die Schwestern waren daran gewöhnt, weil sie in diesen Wochen, vor allem an den Kartagen, durch das intensive Miterleben von Christi Leiden meist von heftigen Schmerzen heimgesucht wurde. *Mein Leben ist Lieben,* lautete eine ihrer wichtigen Aussagen, *mein Lieben ist Leiden; denn die Liebe ist keine wahre Liebe, wenn sie nicht gekreuzigt wird.*

Im Frühjahr 1744 waren die Schmerzen besonders stark. Wiederholt versicherte Crescentia nun dem Beichtvater und den Schwestern, daß sie an dieser Krankheit sterben werde, sie wisse nur noch nicht, wann Gott sie abberufe.

Täglich empfing sie mit großer Andacht die hl. Kommunion; diese blieb vom Aschermittwoch bis zum Tod ihre einzige Speise, nur ihre Lippen feuchtete sie mit Brunnenwasser an, weil sie wegen des starken Fiebers an heftigem Durst litt. Da sie Christi Durst am Kreuz nacherleben wollte, ertrug sie ihren Durst ganz bewußt und trocknete förmlich aus.

Crescentia empfing keine Besuche mehr, weil ihr das Sprechen wegen des trockenen Mundes große Mühe bereitete. Sie wünschte nur die Besuche des Beichtvaters. Dieser berichtete am 26. Februar einem Mitbruder:

Die Würdige Mutter Crescentia ist tödlich krank und negst an (zunächst) *bey der Ewigkeit, wann nicht Gott durch ein Miracl hilft. Wie mir bey der Sach ist, kann ein jeder leichtlich gedenken, indem mir alle Sorg obligt und sonsten kein Mannsbildt schon 10 Täg zu Ihro gelassen worden, wie sie expresse* (ausdrücklich) *befohlen.*

Ich besuche sie täglich öfters, und wann ich nichts anders kann, so weine ich, weiß nicht vor Liebe oder Traurigkeit. Ihr einzige Freude ist und Verlangen, Nährung (durch) *des allerheiligsten Sacrament des Altars, so ich Ihro täglich bringe, wie auch die Anhörung* (des Vorlesens) *von dem Leiden Jesu, und* (sie) *hat mir bekennt, daß ihre Bekehrung* (...) *von Betrachtung des Leidens Jesu herkomme, und hat Ihro der heilige Geist gesagt, sie solle sich Zeit Ihres Lebens in beständiger Betrachtung des Leidens Jesu aufhalten.*

Ihre Krankheit besteht in so grausamen Hitzen, daß sie mir selbst bekennet, sie vermeine als ob sie auf einem glühenden Rost liege; absonderlich leidet das Herz, so ein lauters Feuer ist. Ich vermeine aber, ja, sie hat es mir gesagt, daß dieses Feuer ein ganz anders Feuer seye, so der Geliebte in Ihro angezündet hat, und niemand als er löschen kann.

Inmitten der grausamen Schmerzen scherzet und lachet sie, stimmt Gott ein Loblied an, o ein Lob so ich weiß und nit sagen kann, alle obwohlen halbtote Glieder müssen Ihro abgeben ein Instrument der Liebe, o was vor einer Liebe! Wer nur immer diesen heiligen Leichnam (sieht), *dann ich kann sie jetzt kaum anderst nennen, siehet ganz klar die hervorscheinende Liebe, und in solchen Stand lag Crescentia 7 Täg. Endlich den 8ten Tag, nämlich vorgestern um 3 Uhr ließe sie mich wiederum kommen und legte ab ihre kindliche Beicht, so köck* (keck) *ein jeder Engel ablegen durfte. O auch ietz giebts noch große, ja die größte Heilige!* (...)

Hierauf habe ich Ihro das höchste Viaticum (Wegzehrung für den Gang in die Ewigkeit: die hl. Kommunion) *gereichet, bey*

welcher Verrichtung Crescentia vor Seraphischer Liebe bränn
(brannte). *Alle anwesende*(n) *Klosterfrauen aber also bitterlich
weineten, daß auch ich die Zächer kaum enthalten kun* (n)*te,
entlich gabe ich Ihro auch die letzte Ölung, welche sie inständig begehrte.*

Über Crescentias letzte Lebenstage sind wir nicht nur durch
den Beichtvater und Berichte der Schwestern informiert, sondern es gibt einen Augenzeugenbericht, den der damalige Franziskanerprovinzial, Pater Bonifatius Schmid, durch seinen Sekretär, Pater Caesarius Grueber, aufschreiben ließ. Pater Pamer
hatte am Fest der Sieben Schmerzen Mariens den Eindruck,
daß Crescentias Leben allmählich zu Ende gehe. Er benach-
richtigte deshalb den Provinzial, der von Augsburg umgehend
nach Kaufbeuren reiste und hier bis nach Crescentias Begräbnis
und der Wahl ihrer Nachfolgerin blieb.

Von diesen Aufzeichnungen hat sich eine Abschrift aus dem
Jahre 1789 in einem Manuskriptbündel unter den Schriften des
ehemaligen Augustinerchorherrenstifts Rottenbuch bei Schongau erhalten. Vermutlich waren die Aufzeichnungen zunächst
nach Osterzell, etwa 12 Kilometer südöstlich von Kaufbeuren,
gekommen. Die dortige Pfarrei war seit 1709 dem Stift Rottenbuch einverleibt und wurde von zwei Rottenbucher Mönchen betreut. Da Crescentia im Rottenbucher Kloster überaus
angesehen war, lag es nahe, daß man auch im Osterzeller Pfarrhof alle Nachrichten über sie sammelte.

Als Pater Bonifatius am Palmsonntag nach Kaufbeuren kam,
fand er Crescentia von heftigen Schmerzen geplagt und ganz
ausgemergelt: *Alle Knochen hätte man zählen können, von so
dünner Haut waren sie umgeben,* notierte der Sekretär nach
der ersten Begegnung.

Crescentia lag nicht in ihrer Zelle im ersten Stock des Konventgebäudes, weil diese nur durch eine winzige Luke im Boden über dem Refektorium zu heizen war und deshalb nicht
warm wurde. Vielmehr hatten die Schwestern sie in einen kleinen Raum neben dem Refektorium gebettet, der später bei einer Erweiterung des Speisesaals in diesen integriert wurde.
Crescentia war dankbar für das Kommen des Provinzials, der

ihr unmittelbarer Oberer war, und erbat auch von ihm die Krankensalbung. Pater Bonifatius weilte täglich am Krankenbett und erlebte am Gründonnerstag eine ihrer Visionen, von der oben (S. 42 f.) bereits berichtet worden ist. Diese Vision hatte Crescentia so intensiv miterlebt, daß sie für den Rest des Tages wie erschöpft dalag, starke Schmerzen litt und mehrmals ohnmächtig wurde. Besonders weh taten ihr Kopf und Herz. Die Schmerzen im Kopf kamen, wie sie dem Provinzial mitteilte, *von der Dörnern Kron, im Herzen aber wegen unaussprechlicher Hitze, zweifelsohne der Liebe Gottes.* In all diesen Tagen war sie glücklich und *erzeigte eine sonderbahre Freude der Seel, wann man mit ihr redete von der Liebe des sakramentalischen Gottes, des leidenden Heilands und der schmerzhaften göttlichen Mutter.*

Noch vor der Ankunft des Provinzials hatte Crescentia mit dem Beichtvater ausführlich über die Zukunft des Klosters gesprochen, die ihr außerordentlich wichtig war. Ihr lag am Herzen, daß man nach ihrem Tod sorgfältig darauf achten sollte, daß das Kloster in dem Stand verbleibe, in dem es sich derzeit befinde. Sie wollte, daß man keine Besuche gestatte, weder weltliche noch geistliche. *Solche Heimsuchungen* (Besuche) *seyen allezeit schädlich, ob sie schon unter dem Schein der Heiligkeit geschehen. Man solle auch nicht leicht Weltleuth geistliche und Religiosen* (Klosterleute) *zum Tisch einladen und keiner Schwester eine solche Bekanntschaft zulaßen, auch nicht mit den Beichtvättern etc. Und als ich selbst bey meiner Ankunft sie dieser Wort erinnert, hat sie gegen mir alles dieses bekäftiget und gewunschen, daß die künftige würdige Mutter alles dieses genau solle in Obacht nehmen.*

Der Provinzial fragte sie, wer nach ihrem Tod wohl am geeignetsten für das Amt der Oberin sei. Sie schlug sofort die Schwester Maria Anna (Neth) vor, wiederum ein Beweis dafür, daß Crescentia der bisherigen Helfmutter und Klosterschreiberin vertraute. Die Helfmutter solle er hingegen nicht wählen lassen, sondern von sich aus kraft seines Amtes *die Schwester M. Joachima* (Kögel) *zu einer Helfmutter benennen.* Damit wollte sie sicher sein, daß das Kloster nach ihrem Tod von den geeigneten Frauen weitergeführt werde. Selbst auf dem Toten-bett wußte sie genau, was sie wollte, und auf die entsprechenden Fragen gab sie konkrete Antworten. Die Wahl der zukünftigen Oberin lag, der Regel entsprechend, selbstverständlich beim Konvent. Schwester Joachima Kögel wurde 1710 in Denklingen (östlich von Kaufbeuren) geboren und war 1733 in das Kloster eingetreten. Sie starb 1769 und war 25 Jahre hindurch *des Konvents höchst sorgfältige würdige Mutter.*

Allen Schwestern dankte Crescentia mit großer Bewegung dafür, daß man sie trotz ihrer Armut *aus Barmherzigkeit* ins Kloster aufgenommen und so viele Jahre ernährt habe. Ihre mangelnde Mitgift ist ihr sicher zumindest in den ersten Jahren ihres Klosterlebens oft genug vorgehalten worden, und diese Tatsache hat sie bis zu ihrem Tod beschäftigt.

Nach ihrem Tod fand man ein Schriftstück, das man später gerne als Crescentias *Testament* bezeichnet hat. Darin ist davon die Rede, daß sie Christus um eine gute Zukunft für das Kaufbeurer Kloster gebeten hat. Er habe ihr jedoch angekündigt, daß er dem Kloster nach ihrem Tod *Segen und Gnad* für eine kleine Weile entziehen werde. Crescentia bat ihn, dies nicht zu tun, und er versprach ihr, davon abzusehen, wenn der Konvent *nach deinem* (Crescentias) *Tod um meiner Lieb willen mehr* (wieder) *eine Arme aufnehme (...), aber eine solche sollten sie aufnehmen, die sittliche Tugenden hat und eines guten Willens ist.*

Karfreitag und Karsamstag verbrachte Crescentia unter heftigsten Schmerzen. *Ich bin todkranck,* sagte sie den Schwestern, *und ist doch kein Sterben da.*

Am Ostersonntag, den sie stets mit größter Freude gefeiert hatte, verspürte sie zunächst keine Schmerzen, so wie es auch in früheren Jahren gewesen war. Ihr Körper und ihre Kräfte verfielen allerdings sichtlich. Nach dem Empfang der hl. Kommunion bat sie inständig darum, die Schwestern möchten nicht mehr um ihre Gesundheit beten und sie *nicht länger von ihrem lieben Gott abhalten, sondern den göttlichen Willen vollziehen lassen.* Die völlige Übereinstimmung mit dem Willen Gottes war ihr noch jetzt ihr wichtigstes Anliegen. Dem Provinzial sagte sie, daß sie *aus purer Lieb Gottes* (zu Gott) *allein und durch den hl. Gehorsam sterben wolle,* und der Provinzial befahl ihr daraufhin zu ihrer sichtlichen Freude, *zu leyden und zu sterben in hl. Gehorsam nach dem göttlichen Wohlgefallen.*

Gegen sieben Uhr abends fragte sie nach der Uhrzeit. Schwester Joachima teilte sie ihr mit, und Crescentia antwortete, daß sie nun noch fünf Stunden zu leben habe. *Um 12 werde ich sterben,* heißt es in den Aufzeichnungen, *P. Caesarius Grueber, Secretarius, bezeiget fide Sacerdotali und M. Joachima bey ihrem Gewissen als sichern Bericht, alles ausdrücklich gehört und verstanden zu haben.* Crescentia lag mit offenen Augen da, war bei vollem Bewußtsein und reagierte mit Kopfnicken oder einer schwachen Handbewegung auf die Worte der Umstehenden.

Vom Jesuitenkolleg wurde am Abend der Pater Spiritual ins Kloster gerufen. Er speiste dort und blieb dann betend in Crescentias Nähe.

Kurz vor Mitternacht sagte ihr der Beichtvater, daß der Erzengel Raffael, den sie sehr verehrte, *mit seinem Pilger Mantele und Stäbelein schon fertig* (sei) *zu der Reis sie zu begleiten.* Da reagierte sie sofort und gab *gar liebreich in Gegenwart aller zur Antwort: Er ist schon da.*

Auf ihren Wunsch forderte sie der Provinzial auf, *aus dem hl. Gehorsam zu sterben, sie solle aus Gehorsam ihren Schmerz für* (die) *Bekehrung der Sünder, zum Trost der armen Seelen, für den Wohlstand der hl. Kirche und das Königsreich, Vereinigung der christlichen Potentaten, für ihr hiesiges Kloster, für unsere ganze Provinz, für alle Ordensständ und die ehrwürdige Geistlichkeit in Klöstern etc.* sterben. Zum großen Erstaunen aller Anwesenden antwortete die Sterbende, *welche schon lang kein Wörtlein mehr reden konnte,* mit einem ganz deutlichen *ja.*

In Gegenwart des Provinzials, des Pater Caesarius, des Beichtvaters Pater Pamer, des Jesuitenspirituals und aller Schwestern *hat sie precise um 12 Uhr ihren sel. Geist in die Hand ihres Erschaffers aufgegeben, unter tausend trostreichen Zähren der Anwesenden.* Es war der 5. April 1744.

Die Schwestern M. Joachima Kögel und M. Elisabeth Krimmer setzten sie auf die Ofenbank, um sie mit den klösterlichen Gewändern zu bekleiden. Zu ihrer Verblüffung blieb die Tote *von sich selbst ohne andere menschliche Hand aufrecht sitzen, mit aufrecht halteten Kopf, da sie doch vorher vor großen Schmerzen das Haupt niemal hat halten können, sondern mit der Hand unterstützet oder abwerts hat hangen laßen.*

Das Sitzbrett der Ofenbank wurde von den Schwestern als Erinnerung an die Todesstunde Crescentias aufbewahrt. Heute ist es in der Gedenkstätte ausgestellt.

Die beiden Schwestern spürten auf Crescentias Kopf *viele erhebte Küppelein oder Erhöhungen, und darneben wiederum niedere Cava* (Vertiefungen). *Man kann sie* (ihr) *glauben, daß solches von der innerlich verborgenen Dörnern Kron herkommete, wie sie mir selbsten bekannt etliche Tage vor ihrem Tod: daß sie wegen der Dörnern Kron so große Schmerzen leidete. Dergleichen Erhöhungen hat man schon bey Lebzeiten wahrgenommen, maßen Schwester Joachima bekennet und bey ihrem Gewißen bezeuget, daß sie meistens selbsten einen also erhebten Dorn unter der Haut des Hauptes mit ihrem Finger berührt habe. Überdas haben gedachte zwey Schwestern an dem todten Leib gesehen, daß die Spina Dorsi* (Rückenwirbel) *auf allen Beugen oder Knöpflein ganz aufgelegen, auch beide Schulterblätter und der Rücken, als wann sie gegeißlet wären worden, welches ihr ja den größten Schmerzen muß verursacht haben.*

Alsdann wurde, wie es im Bericht des Provinzials heißt, *der entseelte Leichnam ganz ehrbarlich mit dem hl. Ordenskleid angethan, auf ein Tep* (p)*ich geleget, mit Blumen geziert und also mit brennenden weißen Kerzen in ihrem Zimmerlein, wo sie gestorben, 2 Tag und eine Nacht, das ist 52 Stund, lang also liegend gelassen, bey dem die Schwestern wechselweis Tag und Nacht betetten, und etliche von ihnen mir ganz gewissenhaft erzehlten, daß sie einen gar wohlriechenden, mehr dann natürlichen Geruch fühlten, welchen auch Pater Caesarius verspürt hat.*

Ich habe zwar gleich befohlen, niemand ohne mein Vorwissen zum todten Leichnam hereinzulassen, allein dieses konnte man

nicht mehr verwehren, denn diese zwey ganze Täg viel 100 Per-
sohnen geistlich und weltlich, Burger und Bauernvolk herbey-
gelauffen, vor der Pfortten sich versammelt, eines Bittens ge-
betten hereingelassen zu werden, daher weil von dem Volck ein
Ungestüme zu besorgen ware, hat man gleichwohl nach und
nach jedesmal so viel in das Stüblein hereingelassen, als das
Stüblein fassen konnte. Unter diesen haben auch sehr viele Lu-
theraner den Leichnam ganz ehrerbiethig besuchet.

Gleich am folgenden Tag teilte der Provinzial dem Reichsgra-
fen Franz Christoph von Muggenthal *in höchster Eyl* den Tod
Crescentias mit und vermerkte dazu: *Meinen hierbey haben-*
den Trost wollte ich nit umb die ganze welt verdauschen. Mind-
lich mehrer.

Für Mittwoch, den 8. April, war die Beerdigung vorgesehen.
Pater Bonifatius ging um fünf Uhr früh in das Zimmer, in dem
der Leichnam aufgebahrt lag und sah, daß die Lippen ganz
rot waren, wie bei einem lebenden Menschen, dann berühr-
te er ihre Hand, *welche also lind und weich* (war) *wie das*
Fleisch eines zarten Kind, obschon nur die pure Haut über die
Gebein waren. Dann also ware sie ausgemergelt wie ein Cru-
zifix Bild. Die Händ, Finger, Glieder, iuncturen (Gelenke) *wa-*
ren also flexibl, hin und her beweglich gleich einem Lebenden,
da der Leichnam doch schon 52 Stund nach dem Tod lage;
diese flexibilitas gedunckte mich etwas Wunderbahrliches,
daher habe ich zum Zeugen dazu angerufen gegenwärtigen
(anwesenden) *P. Caesarium Grueber, Secretarium, et* (Pater)
Sophronium Heel und alle Schwestern, alsdann befahle ich,
die Schwestern sollten niederknien, ich nahme die todte Hand
in meine Hand und sagte: Mutter Crescentia, du bist mir
allezeit im Leben gehorsam gewesen. Itzt seye abermal gehor-
sam und giebe deinen gegenwärtigen Schwestern und geist-
lichen Kindern den letzten Segen. Alsdan(n) *habe ich mit ihrer*
Hand den Segen gegeben. Nachdem dieses geschehen, ließe ich
den todten Leichnam in einen von Eichenholz gemachten Sar-
ge legen, den Sarg zunaglen und diesen wiederum in eine(n)
von dünnern Holz gemachten Sarg legen, und machte die An-
stalt zur Begräbnis.

Wegen des Begräbnisortes hatte es zunächst erhebliche Irritationen gegeben. Der Kaufbeurer Stadtpfarrer, Dr. Joseph Anton Freiherr von Grenzing, und die Bürger legten großen Wert darauf, daß Crescentia auf dem Friedhof bei St. Martin begraben werde, wie das bei den Klosterfrauen üblich war. *Mit aller Höflichkeit,* heißt es in dem Bericht, erklärte der Provinzial, daß ein Ordensprivileg die Bestattung in der Klosterkirche erlaube. In weiser Voraussicht hatte er für diesen Sonderfall schon vorher die Genehmigung des Diözesanbischofs eingeholt. Daß die Zustimmung des Stadtpfarrers nicht ganz leicht zu erhalten gewesen war und die Verhandlungen vermutlich verhältnismäßig heftig abliefen, verrät der Nachsatz des Sekretärs: *Endlich ist alles friedlich abgeloffen.*

Auch das Begräbnis selbst ließ der Provinzial genau beschreiben: *Um 3 Viertel auf 6 Uhr in der Früh den 8. April wurde sie zu Grab getragen, voraus das Cruzifix, diesem folgten 8 oder 10 Weltpriester, Herr Stadtpfarrer, P. Caesarius und P. Sophronius, ich mit einer Alb angethan, und schwarzen Stola, der Sarg wurde getragen von 8 Schwestern, die übrige gingen hernach mit brennenden Kerzen, alsdann die catholischen Ratsherrn und Bürger samt Bürgersfrauen. Der Conduct wurde von der Klosterthür durch den Hoff und Gärtlein gegen die Sakristei in die Klosterkirche gemacht.* Auch zwei Patres vom Benediktinerstift in Irsee waren anwesend.

Damit am Trauergottesdienst viele Gläubige aus der Stadt und von auswärts teilnehmen konnten, fand er *unter großem Zulauf des Volcks* in der Stadtpfarrkirche statt. Alle Priester, die eine hl. Messe für Crescentia lasen, erhielten vom Kloster einen Gulden.

Dies hatte Crescentia noch zu Lebzeiten angeordnet. Außerdem hatte sie bestimmt, daß jeder Pater im Jesuitenkolleg zwei Goldmünzen im Wert eines Vierteldukaten, der Pater Superior einen ganzen Dukaten und der Beichtvater zwei Dukaten erhalten sollte. Für die Schüler des Jesuitengymnasiums hatte sie einen Korb mit Rosenkränzen, Kreuzen und Wachskerzen bestimmt.

P. Bonifatius ließ in der Mitte der Klosterkirche ein Grab ausheben, *nach christcatholischem Gebrauch den Leichnam dar-*

in begraben, sodan(n) *das Grab mit Platten-Steinen zumauren* (...), *auf deren einen folgendes eingehauen worden. M + C. 1744.* Dieser Stein befindet sich heute in der Gedenkstätte. Auf der Seite ließ er einen Grabstein mit kurzer Inschrift anbringen: *† Alda liegt begraben die Wohlehrwürdige Mutter Maria Crescentia Hoessin, welche den 5. April 1744 in Gott seelig entschlaffen.*

In den Sarg wurde in eine Blechbüchse ein Pergamentblatt gelegt, das folgenden Text enthielt: *Hier liegt begraben Schwester Maria Crescentia Hoeßin, ist zu Kaufbayern, einer des römischen Reiches freyen Stadt gebohren den 20. Oktober 1682. Dero Vater gewesen Mathias Höß geborener Kaufbäurer. Die Mutter Lucia Hößin, Füßnerin in Allgay, ihre Handthierung waren Weber. Hat in hiesigem Closter zu S. Franciscus Seraph. die Profession der 3ten Regel gemelten hl. Francisci Seraph. den 18. Junij 1704 abgeleget. Wie sie jederzeit from*(m) *gelebt, also ist sie auch gottselig gestorben als Mutter (Oberin) dieses Convents, den 5. April Anno 1744.*

Gleich nach dem Begräbnis besuchten die Leute den ganzen Tag über das Grab in der Klosterkirche, küßten den Grabstein und berührten am Grab Andachtsbildchen und Rosenkränze. Auch Kranke kamen und beteten. Der Provinzial ordnete deshalb an, daß die Kirche den ganzen Tag über geöffnet bleiben solle.

Am 9. April besuchte Pfarrer Johannes Kögl, der Dekan von (Markt-) Oberdorf das Kloster und berichtete von wundersamen Ereignissen und Krankenheilungen, die sich nach Anrufung der verstorbenen Crescentia ereignet hätten. Z. B. war der *Schulmeister* bereit, *mit einem jurament* (Eid) *zu testieren,* daß sein *elendes krippelhaftes Töchterlein* nach dem Gebrauch eines Heilmittels von Crescentia gesund und *gerad* (wurde) *und ist es noch bis dato.*

Vor seiner Abreise führte der Provinzial die Neuwahl der Oberin durch. Der Konvent wählte M. Anna Neth zur Oberin, wie Crescentia es gewünscht und geraten hatte, und diese ernannte M. Joachima Kögel zur Stellvertreterin (Helfmutter). Anna Neth starb schon sieben Wochen später, am 23. Mai 1744, an Wassersucht. Ihre Nachfolgerin wurde, wie Crescentia es gedacht hatte, Joachima Kögel, die das Kloster ein Vierteljahrhundert hindurch umsichtig und gewissenhaft leitete.

Am 15. April lasen die fünf Jesuitenpatres, die im Kolleg lebten, zum Abschluß der Trauerfeierlichkeiten eine hl. Messe für Crescentia. Die Schüler mußten daran teilnehmen und hatten anschließend den ganzen Tag schulfrei.

Die Verehrung der Schwester Crescentia Höß

Pater Johann Baptist Pamer, seit 1743 Beichtvater im Franziskanerinnenkloster, schrieb am 10. Mai 1744, gut einen Monat nach Crescentias Tod einem Freund: *Seithero daß sie begraben worden, haben die Leut große Zuflucht, das(s) schon über 40 von Waxopfer zum Grab kommen, allerhand Händ, Füß, Köpflein, Ohren, Zähn, Gebis(s) usw., ja von Tag zu Tag wird das Grab von der M. Crescentia herrlicher, und wirket der große Gott große Wundersachen zu Ehren seiner Geliebten.*

Man erzählte sich viele Geschichten davon, wie sie allenthalben geholfen hatte. Der bereits genannte Dekan von (Markt-) Oberdorf wußte von einem Mann, der *einen erbärmlichen* (erbarmenswürdigen) *Schaden* (Wunde) *an einem Fuß* (hatte). *Diesen waschte er mit solchem Wasser, worin ein Ringlein* (des Rosenkranzes) *lage und wurde gleich darauf gesund. Eben dieses erfahrte ein anderer an seinem offenen Fuß.* Ein anderer Bauer *hatte ein krankes und gar g(k)rummes Pferd. Alle Roß Doctores sind daran erlegen* (konnten nichts ausrichten). *Der Bauer legt ein Ringlein von einem Crescentia Betterlein* (Rosenkranz) *in ein Waßer, waschet dem Pferd den krummen Fuß, das Pferd wird gesund und ist nun des Bauern sein bestes Pferd.*

In einem Weiler verbrann ein Haus. Des Nachbarn Haus hatte auch schon angefangen zu brennen. Der Bauer hielt ein Crescentia Rosenkränzlein vor, und das Haus voller Heu und Stroh wurde erhalten.

Solche Geschichten verbreiteten sich natürlich rasch, und die Zahl der Verehrer und Hilfesuchenden, die zum Grab in der Klosterkirche kamen, wuchs buchstäblich von Tag zu Tag. Der Gerber Philipp Jakob Meichelbeck aus Kaufbeuren z. B. erbat Hilfe für seinen vier Wochen alten Sohn Joseph Ignaz, der wegen eines angeborenen Bruchleidens unentwegt schrie und völlig abmagerte. Als der Vater am Grab betete, hörte das Kind daheim zu schreien auf; von der Krankheit war nichts mehr festzustellen. Der Bub wurde 1784 Stadtpfarrer von Kaufbeuren, und beim Seligsprechungsprozeß berichtete er davon, wie ihm seine Eltern immer wieder diese wunderbare Heilung erzählt hätten.

Die 24jährige Maria Theresia Satzger, ebenfalls aus Kaufbeuren, war an beiden Beinen weitgehend gelähmt. Nur mit fremder Hilfe konnte sie an das Grab kommen. Nachdem sie gebetet hatte, ging sie, die vorher, wie es heißt, *mehr gekrochen als gegangen* war, ohne jede Hilfe nach Hause und blieb auch in Zukunft völlig gesund.

Schon die Zeitgenossen wunderten sich über die große Zahl von Gläubigen, die zu Crescentia nach Kaufbeuren wallfahrteten. In ihrem Todesjahr, 1744, waren es bereits 30 000 Menschen. An manchen Tagen kamen bis zu 3000 oder 4000, und sie mußten oft lange anstehen, bis sie in die kleine Klosterkirche hineingehen und wenigstens kurz am Grab beten konnten.

Papst Benedikt XIV. forderte am 17. Mai 1744 den Augsburger Fürstbischof Joseph Landgraf von Hessen-Darmstadt auf, ihm einen Bericht über Crescentias Leben und ihre übernatürlichen Gaben zukommen zu lassen. Er hatte noch nicht erfahren, daß sie bereits verstorben war.

Der Fürstbischof schickte zwei Kommissäre nach Kaufbeuren, die am 14. September 1744 dort eintrafen. Es waren Johann Baptist Bassi, Stiftsherr zu St. Moritz in Augsburg, und der Augustinerchorherr Eusebius Amort aus Polling. Ohne den Schwestern ihr Vorhaben zu erklären, begannen sie mit ihren Fragen und führten, wie die Jesuiten feststellten, *am 15. September eine strenge Untersuchung über das Leben, die Tugenden und Wunder der ehrwürdigen Crescentia* durch. Sie ließen spüren, daß sie wenig Zeit hatten und vor allem, daß sie von Crescentia nicht viel hielten, sondern überzeugt waren, daß es sich hier vor allem um Aberglauben handelte. Am 16. September erbaten sie die Mithilfe des Irseer Priors *gleichsam als Notarius,* also als Protokollführer. Es handelte sich um Pater

Meinrad Spieß, der in ihrem Auftrag auch Kontakt zum Maler des Heilig-Geist-Bildes, Joseph Ruffini, herstellen sollte.

Die Untersuchungen im Kloster waren nach vier Tagen abgeschlossen. Am 19. September sprachen die Kommissare noch mit dem Klosterbeichtvater Johann Baptist Pamer, dann mit dem zufällig anwesenden Provinzial, Pater Bonifatius Schmid, außerdem mit Crescentias leiblicher Schwester Regina Heinritz. Gegen Abend besuchten sie auch die Jesuitenresidenz und speisten mit den Patres.

Die flüchtigen, oberflächlichen und außerordentlich kritischen Fragen sollten möglichst rasch die vorgefaßte Meinung der beiden Kommissare bestätigen, die sich als Aufklärer über alles erhaben fühlten, was sich nicht rational erklären ließ. Zu Recht war im Kloster der Eindruck entstanden, daß Amort und Bassi die Möglichkeit eines mystischen Lebens gar nicht in Erwägung ziehen wollten. Derartigen Aussagen begegneten sie vielmehr mit ironischem Unverständnis. Sie äußerten sich abwertend über Crescentias Frömmigkeitsleben, zu dem sie keinen Zugang fanden und das sie auch nicht anerkennen wollten. Zugleich aber bemängelten sie Crescentias Leben im Alltag, das ihnen für eine Heilige viel zu normal gewesen zu sein schien. Es passe nicht zu einer Heiligen, daß sie sich mit dem Garten und den Blumen abgebe, daß sie Pferde möge oder an Festen gerne Gäste einlade und gar noch weltliche Musik liebe.

Die Verfolgungen durch Dämonen in den ersten Klosterjahren konnten nach Ansicht der Kommissare auch fingiert gewesen sein. Um die anderen zu beeindrucken, habe Crescentia eventuell eine mit ihr verbündete Schwester beauftragt, ihr das anzutun. Dieser Verdacht sei bei ihnen entstanden, weil Crescentia trotz allem blühend und gesund ausgesehen habe, und dies sei bei derartigen Schrecknissen doch nicht denkbar.

Auch Crescentias Visionen und Offenbarungen könnten vorgetäuscht gewesen sein. Gott habe ihr schließlich keine übernatürlichen Gnaden wie Entrückungen, Ekstasen oder Kenntnisse über Gedanken und Frömmigkeit der Mitschwestern zukommen lassen.

Bezüglich der vielen Heilungen, die Crescentias Fürbitte zugeschrieben wurden, bemerkten sie im Protokoll nur, daß man dem Kloster zwar mancherlei auffallende Vorkommnisse berichtet und diese auch als Wunder bezeichnet habe, doch könne man sie nicht für so wichtig ansehen, daß sich darauf die Heiligkeit dieser Klosterfrau begründen ließe.

Die Schwestern waren enttäuscht. Sie spürten, daß sie und vor allem Crescentia gar nicht ernst genommen, sondern für dumm und abergläubisch angesehen wurden. *So ist dieses unregelmäßige Geschäft vollendet, während daß wir Klosterfrauen uns alle von der Angst, Furcht und Niedergeschlagenheit, in die uns eine solche unerwartete Kommission ohne Vorbereitung versetzte, noch nicht ganz erholet haben,* notierte die Chronistin betrübt. Trotzdem schickte die Oberin, Joachima Kögel, dem Jesuitenkolleg fünf Dukaten und dem Pater Beichtvater drei Dukaten als Dank für ihre Mithilfe bei den Befragungen der Untersuchungskommission.

Die Kommission überreichte ihren Bericht dem Bischof, der nun, wenigstens zunächst, für die Heiligsprechung Crescentias nichts mehr unternehmen wollte. Amort und Bassi schätzte er als kluge und kritische Männer, deren Urteil man sich unbesehen anschließen konnte und vor denen er sich nicht wegen naiver Leichtgläubigkeit zu blamieren gedachte.

Das Kaufbeurer Kloster, von dem die Initiative zu einer derartigen Untersuchung ohnehin nicht ausgegangen war, hielt sich erst recht zurück. Immerhin konnten sich die Klosterfrauen über die wachsende Zahl von Betern freuen, die zu Crescentias Grab pilgerten. Die großzügig gespendeten Opfergaben ließen auch manche Last und Beschwernis mit den vielen Besuchern, Frommen und bloß Neugierigen, Bescheidenen und Aufdringlichen leichter ertragen.

Pater Pamer notierte am 13. Dezember 1744: *Schließlich bin ich ganz allgemein der Ansicht, daß Crescentia den höchsten Grad nicht nur eines christlichen, sondern eines gottgeweihten Lebens erreicht hat, und daß sie alle diese Tugenden in hervorragendem Maße besessen hat, die die heilige Kirche auch bei ihren großen Heiligen verehrt.*

Der Fürstbischof leitete das Ergebnis der Amort-Bassi-Untersuchung nach Rom weiter. Im folgenden Jahr nahm Papst Benedikt XIV. in seiner Antwort an Bischof Joseph zu den Fragen der Verehrung Crescentias und einer möglichen Heiligsprechung Stellung. Der im Original lateinisch geschriebene Brief wurde wegen seiner grundsätzlichen Äußerungen 1747 in Köln in deutscher Sprache veröffentlicht. Der Text dieser sachlichen und sicherlich von der Amort-Bassi-Kommission beeinflußten Äußerung zeigt die realistische Haltung der vatikanischen Heiligsprechungskongregation; einige wichtige Abschnitte daraus werden hier zitiert:

Es ist unserer Sorgfalt schon längst kund gemachet worden, daß in der Kayserlichen Reichsstadt Kaufbeyern, die von Rechtgläubigen und Augspurgischen Confeßions-Verwandten zugleich bewohnt ist, in dem Kloster eine Jungfer Crescentia lebe, die so sehr in dem Rufe der Heiligkeit ist, daß sie einen nicht geringen Anhang von rechtschaffenen und auch vornehmen Leuten habe. Da wir nun aus vielfältigen Erfahrungen wissen, wie oft dergleichen Blendwerke einer angemaßten Heiligkeit angefangen, auch von Seelsorgern, aus besondern und manchmal nicht gar richtigen Absichten, gepriesen und ausgebreitet werden: So haben wir der Einsicht E. Brüderl. Liebden in unserm am 17. May des vorigen 1744. Jahres an euch abgelassenen Schreiben aufgetragen, das Leben und die Sitten vorerwehnter Schwester Crescentie zu untersuchen, und über die entweder guten oder bösen Gründe ihrer Handlungen sicheren Bericht an uns abzustatten.

Ob nun gleich diese Schwester Crescentia noch vor Einhändigung unseres Schreibens Todes verblichen ist; und es daher schien, als ob unsere euch aufgetragene Commission nicht mehr statt fände; So hat doch E. Brüderl. Liebden für eine Pflicht des wachsamen Hirtenamts gehalten, einige angesehene und verständige Männer dahin anzuweisen, daß sie die Sitten und den Wandel der Verstorbenen noch so untersuchen sollten, wie wir es bey ihrem Leben verlangt haben. (...)

In diesem (Bericht) haben wir zwar nichts gefunde(n), woraus die verstorbene Schwester Crescentie des Lasters einer bloß angemasseten Heiligkeit beschuldiget werden könnte. Allein, aus der Zeugen Aussage (wenn man ihnen auch völligen Glauben zustellen könnte, und kein Argwohn da wäre, daß man sie zum Vortheil ermeldter Geistl. Schwester vorläuffig unterrichtet) haben wir zwar zu erkennen geschienen, daß sie ihr Leben nach den Regeln der Frömmigkeit und ohne schwere Verbrechen geführet: wir müssen aber auch aufrichtig gestehen, daß wir darinnen keine besondere Heldentugend, kein Zeichen, kein Wunder finden, welches der allmächtige Gott auf ihre Vorbitte geschehen lassen.

Der Papst riet, Heiligsprechungsverfahren, die jeweils vom Bischof einer Diözese oder vom Prälaten eines Klosters ausgehen mußten, nicht übereilt zu beginnen. Vielmehr solle man *eine geraume Zeit verstreichen lassen, von dem Tode eines Dieners oder einer Dienerin Gottes an, deren Tugend und Wunderkraft man zu untersuchen gesinnet ist; und man müsse nicht eher zu dieser Sache schreiten, bis sich ein wahrer und richtiger Ruf einer heroischen Tugend, oder eines Wunders, welches Gott auf Anruffung oder Vorbitte dieses seines Dieners oder seiner Dienerin gethan, ausgebreitet. Denn es ist nichts gewöhnlicher, als daß nach dem Absterben eines frommen Mannes oder Weibes gleich ein grosses Gerede von ihrer Heiligkeit und ihren Wundern unter dem Volke entstehet, zumal wenn ein solches Vorgeben von einigen mit Vorsatz ausgebracht wird; allein dieser Ruf, wenn er nicht in der Wahrheit bestehet, verliert sich entweder mit der Zeit; oder wenn er auch durch Menschen-Kunst noch einige Zeit unterhalten wird, so pflegt er durch augenscheinlichen Rath der göttlichen Weisheit zerstreuet und vernichtet zu werden.*

Auch im Falle Crescentias von Kaufbeuren schlug der Papst also vor, zunächst einmal abzuwarten, wie sich die Sache entwickle, ob sich *Spuren von Kunstgriffen und Menschenwerke, oder ob sich die erforderlichen Merkmale zeigen, welche dienen können, den Prozeß und Ausspruch über die Heiligsprechung zu unternehmen.*

Wir halten solches auch in gegenwärtigem Falle für so viel nöthiger, da aus den neulich gesamleten Zeugnissen vieler Männer und Weiber, wie schon oben erinnert worden, kein Beweiß ausnehmender Tugenden oder Wunderwerke erhellet; da bey dem Absterben der Schwester Crescentia sich keine sichtliche Anzeige einer Heiligkeit gezeiget; auch verschiedene Schriften von ihr vorhanden sind, die vor allen Dingen zuerst untersucht werden müssen. Wenn man auch gleich würklich zu dem ordentlichen Proceß, in der Sache ihrer Heiligsprechung schreiten könnte: so wäre doch vorher erforderlich, eine genaue Anweisung zu desselben Anordnung (...) an euch zu übersenden. (...) Wir würden auch unsren Brief hiermit beschlüssen, wenn ihr uns nicht in eurem Briefe noch etwas anders anzuzeigen gehabt; betrifft dieses vornemlich die angegebene schon weit gekommene Ausstreuung gewisser Bilder, die den heiligen Geist unter der Gestalt eines schönen Jünglings mit der Beischrift: Komm Heiliger Geist! vorstellen. Bey diesen Bildern, die sogleich überall vertheilet und gemehret worden, ist zweyerley zu untersuchen: erstlich, ob die Schwester Crescentie dieselbe erfunden, gebilliget, und ausgegeben; hernach, ob, ohne den Urheber des(s)elben erst auszuforschen, der Gebrauch, der Nachstich und die Verehrung dieser Bilder in oder außer der Kirche zugelassen werden könne.

Schließlich wurde der Bischof gelobt, weil er die Darstellungen des Hl. Geistes nach Crescentias Vision überall entfernen ließ. Der Papst befahl ihm sogar, *in Kraft unserer Macht und Gewalt, in diesem angefangenen Vorsatz steif und beständig zu verharren und auf keine Weise zu* (zu)*lassen, daß dergleichen Bilder mehr* (in Zukunft) *gemacht werden; und so deren ja noch irgendwo möchten gefunden werden, sie sämtlich wegzunehmen; auch dazu alle Mittel eurer Gewalt zu brauchen, welche euch eure Klugheit anmahlen wird, damit der erwünschte Endzweck ohne Aufruhr und Verwirrung erhalten werde.*

Dieser Brief, den die römische Ritenkongregation im Auftrag des Papstes geschrieben hatte, gelangte sicherlich bald auch zur Kenntnis von Kurfürst Clemens August in Köln. Dieser reagierte auch darauf und schrieb am 13. März 1746 aus Bonn eigenhändig an den *Heiligisten Vatter*, wobei er von seiner

persönlichen Bekanntschaft mit Crescentia ausging und sich
auf seine Erfahrungen bezog:

*Es ist schon mehr als ein Jahr verflossen, da es ihr göttlichen Ma-
jestät gefallen, zu sich zu berufen die Schwester Maria Crescentia: eine Geistliche aus dem Orden St. Francisci deß Closters zu
Kaufbeyren Augsspurgischer Provinz, welche, nachdem sie mit
allgemeiner Auferbauung ein so unschuldiges und wundervol-
les Leben geführt, ohne auch* (den) *mindisten Schatten einer nur
angemaßten Scheinheiligkeit, ihr selbsten hiedurch zuwegenge-
bracht die Hochschä*(t)*zung und Ehrbeweisung ihr hochanse-
hentlichsten Personen des Teutschlands. Ich selbsten hab das
Glü*(c)*kh gehabt, ofters mit ihr zu sprechen, und zu verehren einen Begriff der heldenmüthigsten und höchsten Tugenden, welche ein wahres Ebenbild der christlichen Vollkommenheit vorstellen mögen, und in ihr bewundert die unbegreifliche Urtheil
der göttl. Vorsichtigkeit, so da gepflegt, die schwächeren Sachen
der Welt zu erwählen, um die Stärkheren zuschanden zu machen. Mit diesen meinen nicht minder dienstlichen als aufrich-
tigen Außdrü*(c)*khungen, welche Euer Heiligkeit zu unterwer-
fen ich die Ehre habe, bin ich nicht gesinnt zu vergrößern die
Ehrentitl ihrer wunderbahrlichen Vortrefflichkeiten dieser großen
Dienerin Gottes, als vorher schon zuvor fast ihm* (im) *ganzen
Teutschland genugsam bekannt, sondern verlange nur, daß sie
sollten dienen zu einem unwiderruflichen Gezeugnis der Wahrheit, so wohl zur größeren Glorj Gottes und seiner Kirchen, als
auch zu befriedigen die große Andacht der Gläubigen.*

*Wollte Gott! es beliebte Eurer Heyligkeit höchste Klugheit, eine
ordentliche Untersuchung ihrer großen Thatten einer so würdigen Geistlichen anzubefehlen und hierdurch zuschanden zu
machen die überaus große falsche Andichtungen, welche der
Vatter der Lügen sich bemühet auszustreuen wider derselben
gutten Demut wie auch umb ihro Angedenken der ganzen
christlichen Welt umb so vill ehrwürdiger zu machen, je kost-
bahrer wie man hört, deroselben heiliger Todt vor dem Angesicht des Herrn were.*

Dieser Bitte schlossen sich auch der Franziskanerorden und
die Jesuiten in Kaufbeuren an. Wiederholt wiesen sie darauf

hin, daß es wichtig sei, gewissenhafte und gründliche Befragungen möglichst bald vorzunehmen, weil sonst die Gefahr bestehe, daß die letzten Augenzeugen vorher sterben würden. Kurfürst Clemens August ließ zwar in seinen Diözesen Gebetserhörungen zusammenstellen; er beauftragte im Jahre 1754 den Paderborner Weihbischof, derartige Berichte zu sammeln und sie bezüglich ihrer Brauchbarkeit zu prüfen. Die Initiative zu offiziellen Untersuchungen mußte jedoch vom Diözesanbischof ausgehen, und vorläufig war dies nicht zu erwarten.

Im Kaufbeurer Franziskanerinnenkloster hatte man den Eindruck, daß Crescentia bei der Befragung durch die Amort-Bassi-Kommission nicht richtig dargestellt worden war. Die Schwestern hatten sie noch in unmittelbarer Erinnerung und wußten viele charakteristische Eigenschaften und Aussprüche von ihr, und zwar noch aus eigener Anschauung. Selbstverständlich bestand die Gefahr, daß im Lauf der Jahre manches vergessen wurde. Deshalb regte der Provinzial Pater Bonifatius Schmid die Schwestern an, ihre Erinnerungen an die ehemalige Oberin niederzuschreiben. Damit diese Texte nicht allzu beliebig ausfielen, legte er ihnen eine Fragenreihe vor, die sich auf Crescentias Leben, ihre religiös-sittliche Haltung, ihre religiösen Tugenden, ihr Wirken innerhalb des Konvents und auf die Gesellschaft und den Ruf ihrer Heiligkeit erstreckte. Natürlich war die Beantwortung freiwillig. Pater Bonifatius Schmid machte 1745 selbst den Anfang und schrieb als Superior von Mariä Baumgärtl eine kleine Biographie von Crescentia; schon 1744 hatte er von seinem Sekretär den Bericht über Crescentias Sterben aufzeichnen lassen. Auch Pater Pamer, SJ, Crescentias Beichtvater, schrieb eine kurze Biographie.

Vorläufig war freilich nicht an die Aufnahme eines Heilig- oder Seligsprechungsprozesses zu denken. Die Zahl der Wallfahrer stieg jedoch mit den Jahren noch an. Viele Besucher verbanden die Wallfahrt zum Grab Crescentias mit der Wallfahrt zum Gegeißelten Heiland in der Wies oder sie wählten den umgekehrten Weg. Findige Geschäftsleute verkauften an die Wallfahrer deshalb Medaillen mit Crescentia auf der Vorderseite und dem Gegeißelten Heiland auf der Rückseite.

Weitgereiste Wallfahrer stellten fest, daß nur noch Loreto mehr Besucher zählte als Kaufbeuren. Natürlich handelte es sich dabei nicht nur um Gläubige aus dem näheren Umland, sondern auch aus Österreich, Südtirol, aus der Schweiz, aus Ungarn, Böhmen, Polen, ja sogar bis von Rußland. In manchen Jahren wurden bis zu 70 000 Besucher gezählt. Das Jesuiten-Tagebuch erwähnt z. B. für den Juni 1772 *über 10 000* Wallfahrer. (Grundlage für solche Angaben waren die Zahlen der ausgeteilten Hostien.)

In dem kleinen Klosterkirchlein wurden zahlreiche Messen gelesen; im Jahre 1760 z. B. 2701, sechs Jahre später waren es sogar 3400.

Dieser Andrang an Gläubigen, die meist auch zu den Sakramenten gehen wollten, überforderte die Möglichkeiten der Kaufbeurer Geistlichen und zumal des damaligen Klosterbeichtvaters, Pater Dominikus Ott. Deshalb ersuchte die Oberin M. Raphaela Millerin in einer Bittschrift an Kaiserin Maria Theresia darum, den ehemaligen Jesuitenpater Mathias Rümmelin, der seit der Aufhebung des Jesuitenordens in Rottenburg lebte, als zweiten Klosterbeichtvater einzusetzen. *Da die Anzahl der Wallfahrer also von Jahr zu Jahr anwächset,* heißt es in dem Gesuch, *daß man derer wohl bis 60 000 zählt, so empfinden wir gar merklich den Mangel eines Priesters.*

Das Gesuch wurde umgehend genehmigt, zumal auch Maria Theresia zu den Verehrerinnen Crescentias gehörte. Schon 1772 hatte die Kaiserin dem Kloster ein wertvolles Geschenk gemacht, von dem im Tagebuch der Jesuiten berichtet wird (Übersetzung aus dem Lateinischen von Pater Ansgar Pöllmann OSB): *Die Kaiserin-Witwe sandte der Wundertäterin* (Crescentia) *ein hochfeines, goldgesticktes Meßgewand, dessen wertvollstes Stück* (das kaiserliche Wappen) *sie mit eigener Hand gearbeitet hat, durch den Oberpräsidenten des Freiburger Distriktes, Freiherrn von Ulm, und ließ durch einen Priester, den der Präsident mitgebracht hatte, dort eine Messe lesen. Ebenso wünschte die Kaiserin, daß die Nonnen vom 12. bis zum 27. Mai für die glückliche Niederkunft ihrer Tochter, der Königin von Neapel, bestimmte Gebete verrichten sollten, und dies gibt, wie anders, uns die sichere Zuversicht, der allmächtige Gott und der vielvermögende Schutz der wundertätigen Mutter werde auch in Zukunft uns nicht fehlen.*

Zu den zahlreichen hochadeligen Verehrern gehörten auch der bayerische Kurfürst Max III. Josef, Sohn der Kurfürstin Maria Amalia, der in seinem Leben wenigstens fünfmal nach Kaufbeuren wallfahrtete, und seine Gemahlin Maria Anna, die mindestens siebenmal nach Kaufbeuren kam. Das Kurfürstenpaar besaß in seinen Privatgemächern ein Porträt der seligen Crescentia.

Auch die Familie Mozart wandte sich vertrauensvoll an Crescentia. Der 1719 in Augsburg geborene und dort aufgewachsene Leopold Mozart hatte mit Sicherheit schon in seiner Jugend von der berühmten Kaufbeurer Franziskanerin gehört. Bei seinem Studium an der Salzburger Hochschule konnte er auch drei Studenten aus Kaufbeuren kennenlernen, nämlich die Gebrüder Neth, Neffen der Klosterschreiberin und späteren Oberin M. Anna Neth im Franziskanerinnenkloster. Sein Salzburger Dienstherr, Fürstbischof Leopold Anton Graf Firmian, war ein großer Verehrer Crescentias, stand mit ihr im Briefwechsel und besuchte sie wiederholt in Kaufbeuren.

Im Jahre 1765, gut zwanzig Jahre nach Crescentias Tod, befand sich Leopold Mozart mit seinen beiden Kindern, dem Nannerl und dem Wolfgang Amadeus, auf einer Konzertreise in den Niederlanden. Im Herbst erkrankte das Nannerl an einer so heftigen Lungenentzündung, daß der Arzt keine Hoffnung mehr sah. Der Vater ließ ihr die Sterbesakramente geben, und alle erflehten die Fürbitte Crescentias. Wider die ärztliche Vorhersage wurde das Mädchen gesund, und der Vater bat nun einen Salzburger Freund, er möge doch zum Dank für die Gesundung des Kindes durch Crescentias Hilfe Messen lesen lassen. Dabei hatte er allerdings Probleme: *Nun hat mein Mädel auch an die fromme Crescentia gedacht und auch ihr zu Ehren eine heilige Meß wollen lesen lassen. Allein, da wir noch nicht dergleichen zu tun befugt sind, bevor unsre Kirche in Betreff dieser frommen Person etwas dezidiert hat, lasse ich es dero Frau Liebsten über, mit etlichen Patribus Fran-*

ziskanern ein Consistorium darüber zu halten und die Sache
so einzurichten, daß meine Tochter zufriedengestellt, die Sat-
zungen Gottes und unsrer Kirche aber nicht beleidiget wer-
den.

Auch außerhalb Kaufbeurens wurden Gebetsstätten zu Ehren Crescentias eingerichtet. In St. Martin bei Gnadenwald in Tirol erbaute man schon 1760 eine kleine Kirche und stiftete dafür einen Crescentia-Altar sowie 1767 einen prachtvollen Kelch mit einem Emaillebild Crescentias. Im Jahre 1800 verlobten sich die drei Städte Rattenberg, Kufstein und Kitzbühl zur Rettung aus Kriegsgefahr zu Crescentia.

Die Kaufbeurer Gaststätten hatten längst nicht für alle Wallfahrer Unterkunftsmöglichkeiten. Deshalb verließen viele vor dem Schließen der Tore die Stadt und suchten bei Bauern oder in Wirtshäusern der Umgebung eine billige Schlafstätte. Andere verbrachten die Nacht einfach auf den Straßen oder auf dem Friedhof.

Für das wirtschaftliche Leben der Stadt wirkten sich die zahlreichen Besucher äußerst günstig aus. Ausgerechnet die arme Weberstochter, deren Vater nicht einmal die Mitgift für die Aufnahme in das Kloster bezahlen konnte, brachte erhebliche Einnahmen. *In der Stadt herrscht viel Wohlleben,* konnte der Karlsruher Gymnasialprofessor Heinrich Sander 1779 bei einem Besuch in Kaufbeuren feststellen. *Zu allen Zeiten am Tage präsentiert man Kaffee, Chokolade, Wein Liqueurs: 3–4 mal nimmts mancher in einem Tage.* Er nennt gleich einen wesentlichen Grund für die wirtschaftliche Blüte: *Die Stadt (...) hat auch viel Nahrung von den Wallfahrten zum Grabe der Heil.* (!) *Crescentia.*

Natürlich fehlte es auch in Kaufbeuren nicht an unguten Auswüchsen. Fliegende Händler suchten mit dem Verkauf dubioser Wallfahrtsgegenstände Geld zu bekommen. Es gab eine Fülle von Devotionalien zu kaufen, die weder vom Kloster stammten noch dem Kloster irgendwelche Einnahmen brachten, z. B. das sogenannte Crescentianische Wasser, Crescentia-Pulver, Crescentia-Öl und Andachtsbildchen, mit denen viel Geld verdient wurde.

Am 23. August 1791 warnte das Franziskanerinnenkloster in einem Aufruf in der *Augsburger Ordinari Postzeitung* vor einer Betrügerin, die in ganz Schwaben mit Crescentia-Artikeln hausierte.

Schlimmer waren Veröffentlichungen, die Crescentias Persönlichkeit durch die Verbreitung naiver Wundergeschichten verharmlosten oder gar lächerlich machten und durch gehässige Verleumdungen verfälschten. Im Kaufbeurer Wochenblatt verbreitete das Kloster 1787 folgende Stellungnahme:

Es ist dieser Tage aus einer benachbarten Buchdruckerei eine Schrift „Leben und Wunderthaten der frommen M. Crescentia von Kaufbeuren, gedruckt 1787" erschienen. Da diese elende Legende von Ungereimtheiten, Erdichtungen und Lügen strotzt, so erklärt man hiermit, daß hiesiges Frauenkloster gar keinen Antheil daran habe, sondern sowohl diese Lebensbeschreibung als verschiedene unter dem Namen Crescentia ausgestreute Gebether und dergl.(eichen) als falsche und erdichtete Angaben verabscheue. Diese von einem Franziskaner schon vor etlichen Jahren aufgesetzte Lebensbeschreibung hatte ein hiesiger Buchbinder Christian Rank im Manuskript, der sie auch schon vor einigen Jahren edieren wollte, so aber hintertrieben worden. Endlich hat sie ihm ein hiesiger, in Kempten arbeitender Buchdruckergeselle, J. Peter Hanggele, für Bezahlung herausgeschwätzt und in Druck gegeben.

*Es ist auch in diesem Jahre noch vor jener Schrift ein Büchele „Sincerus der Reformator" herausgekommen, darin vorgegeben wird: Er sei zu Kaufbeuren geboren, habe von Crescentia ein Büchelchen herausgegeben unter dem Titel „Taschenspielerkünste der sel. Nonne Crescentia". Es ist aber nichts anders als ein Pendant zum Faustin und in demselben Tone wider die Mönche und Jesuiten geschrieben. (*Faustin oder das philosophische Jahrhundert* war der Titel eines 1783 erschienenen Romans des Aufklärers Johann Pezzl, der sich hier gegen die, wie er formulierte, *konvulsivischen Bewegungen des sterbenden Aberglaubens, Fanatism, Pfaffenbetrugs, Despotendrucks und Verfolgungsgeistes* wandte und damit viel Aufsehen erregte.)*

Wie in allen Wallfahrtsorten zog auch in Kaufbeuren der Wallfahrerstrom zahlreiche Bettler an, welche auf die zur Mildtätigkeit geneigte Einstellung der Pilger hofften. Entsprechende Erfahrungen machen 1779 zwei Benediktinerpatres aus Kremsmünster: *Übrigens gibt es hier,* notierten sie im Reisetagebuch, *wie in allen renommierten Wallfahrten Bettler fast so viel als Opfertafeln, und man muß froh sein, wenn man sein Quartier noch mit ganzen Schuhen erreichet.*

Die beiden Mönche besuchten Kaufbeuren wegen Crescentia, weil sie den Ort sehen wollten, welchen die fromme Klosterfrau *in so großen Ruf gesetzet.* Ihre detaillierten Beobachtungen sind zugleich höchst aufschlußreich für die Geschichte der Wallfahrt zu Crescentia.

Die Führung für bevorzugte Gäste begann in Crescentias Zelle, die man seit ihrem Tod unverändert belassen hatte. Anschließend wurden Gegenstände aus ihrer persönlichen Habe gezeigt und schließlich eine Auswahl der schier unübersehbaren Menge an Votivgaben: *Man öffnete uns sieben mehr als klafterhohe Kästen, wovon auch vier ebenso breit sind, die alle nicht nur in den inneren Wänden, sondern auch sogar in beiden Türflügeln inwendig ganz und dicht mit silbernen und zum Teil güldenen Opfern überhangen sind. Nicht anders als mit starrenden Augen konnte ich die glänzende Menge ansehen. Und es ist in Wahrheit zu erstaunen, wenn man bedenkt, daß sich hier in einer Zeit von etlich und dreißig Jahren ein so ungeheurer Schatz angesammelt hat und, fast zu sagen, sich alle Tage vermehret. Denn von nahen und weit entfernten Örtern wird noch forthin dergleichen in größtem Vertrauen gebracht und geschicket, wie man uns denn noch mehrere kleinere Kästen gewiesen, in welchen sie gesammelt werden mit dem Beisatze, daß auch noch ganze Kisten mit solchen angefüllet wären, die man aus Mangel des Raumes nicht aufstellen konnte. Die Wunder sind meistens mit solchen Umständen bekräftiget, daß sie kein Vernünftiger jemals wird leugnen können. Man sieht an den Opfern Merkmale der Wohltaten von allen Teilen des menschlichen Körpers. Doch schienen mir die geheilten Lungenkrankheiten die beträchtlichsten.*

Aus dem Beginn des 19. Jahrhunderts ist eine Votivtafel mit dem Dank für die Heilung von der Lungenschwindsucht erhalten geblieben. Crescentia bringt hier einem Bauern, der in seinem Bett liegt, zwei neue Lungenflügel. Der Text nennt den Namen des Bauern, Anton Huber, der *in einer im Jahr 1810 erlittenen schweren, von allen Ärzten aufgegebenen Lungenkrankheit bey gänzlicher Abzehrung der rechten Seite seines ganzen Leibes auf eine wunderbare Weise seine Gesundheit wieder erhielt, indem es ihm nach deren Anrufung schien, als wenn ihm von einer unsichtbaren Hand eine gesunde Lunge wieder gegeben würde, worauf er alsogleich genas.*
Als der 22jährige Theologiestudent, der später berühmt gewordene Jugendschriftsteller Christoph von Schmid, 1790 auf einer Fußreise ins Allgäu kam, versäumte auch er den Besuch im Franziskanerinnenkloster nicht. In einem Brief vom September 1790 berichtete er einem Freund:
In Kaufbeuren sahen wir natürlich das berühmte Klösterle. Die Zelle der seligen Crescentia, deren Simplicität wirklich rührt, die großen Kästen voll goldner und silberner Opfer. Wie ein Stein fiels mir aufs Herz, sooft sich die großen Türflügel rauschend auftaten. „So viel Elend!" Es ist, als wenn mans recht mit Vorsatz auf einen Haufen zusammengetragen hätte. Und das ist doch nur Elend der Reichen und nur der wenigsten Reichen und nur bei jedem Kasten das Elend zweier Jahre und nur das Elend eines kleinen Cirkels. Nein, die Erde ist kein Paradies.
Bezüglich der Reichen irrte Christoph von Schmid: die meisten Votivgaben stammten vom einfachen Volk.
Die vier großen Schränke gibt es immer noch, sie sind nach wie vor gefüllt mit Votivgaben, doch dabei handelt es sich nur um Reste. Die wertvolleren Gegenstände wurden nach der Säkularisation vom Staat eingezogen und nach Ulm gebracht, wo man sie in der vergeblichen Hoffnung auf großen Gewinn einschmelzen ließ. Wertvoll war jedoch meist nur die künstlerische Ausarbeitung, etwa bei Monstranzen, Kelchen oder Kreuzpartikeln, kaum aber das Material.
Der Salzburger Benediktinerpater Konstantin Stampfer war 1884 in Kaufbeuren. Er erwähnt in seinem Bericht auch die

kleinen und großen Opfergaben aus Wachs. Unter diesen *wächsernen Statuen* befand sich als vielbewunderte Besonderheit die lebensgroße Figur der Anna Pruggmayr, einer Tochter des wohlhabenden Fürstenfelder Brauers Franz Carl Pruggmayr. Sie wurde vermutlich 1762 geboren und litt an Epilepsie. Da kein Arzt ihr helfen konnte, verlobten sich die Eltern zur Crescentia nach Kaufbeuren und versprachen im Falle der Heilung die Stiftung einer Wachsfigur mit dem Gewicht der Tochter, nämlich 85 Pfund. Das *Gutthatenbuch* vom Jahre 1778 erwähnt, daß Anna *die hinfallende Krankheit auf eine fürchterliche Weis* hatte und daß *das Mägdlein von dem Übel gänzlich befreyet* wurde.

Die Eltern Pruggmayr ließen bei dem Augsburger Wachsbossierer Peter Stürzer ein lebensgroßes Porträt ihrer Tochter anfertigen. Die 172 Zentimeter große und etwa einen Zentner schwere Figur ist außerordentlich kunstvoll gearbeitet. Die Kleidung wurde in aufwendiger Technik aus Wachs und zum Teil in Verbindung mit anderen Materialien hergestellt.

Das *wächserne Mädle* trägt eine rote Taft-Rüschenjacke. Die Jacke ist unten geöffnet, damit das dunkelfarbige Mieder mit der silbernen Geschnürkette zu sehen ist. Unter der Jacke trägt das Mädchen ein dünnes Batisthemd mit Rüschenabschluß an Ärmel und Hals und zur Verdeckung der vorderen Hemdöffnung ein weißes Einstecktuch.

Der moosgrüne Faltenrock ist mit einer breiten goldenen Borte verziert. Vor der Schürze mit Blumenmuster befindet sich eine rote Zierbandmasche. Unter dem Rock sind die flachen, schwarzen Schnallenschuhe zu sehen. Schürze und Schultertuch wurden aus zwei dünn ausgegossenen weißen Wachsplatten hergestellt, zwischen die als Ornamente aus Papier gestanzte Blumen eingelegt sind.

Zur bürgerlich vornehmen Kleidung gehören auch der prachtvolle Trachtenschmuck, die Haube aus schwarzer Atlasseide und der Korallenrosenkranz mit Filigrankreuz.

Eine Restaurierung vor einigen Jahren brachte Erkenntnisse über den Aufbau der Figur. Peter Stürzer modellierte sie über einem mit Wachs bezogenen Holzsockel und fügte zur Sicherung der Stabilität sowie zur Befestigung von Füßen und Armen Metallstäbe ein. Selbst Kleidungsstücke, die nach der Fertigstellung nicht mehr sichtbar waren, wie Strümpfe, Strumpfband und Unterrock, wurden bis ins Detail sorgfältig durchmodelliert und farbig gestaltet, zum Teil sogar vergoldet.

Durch Kartuscheninschriften an den vier Seiten des Sockels sind Herstellungsort, das Entstehungsjahr *(Ex voto 1778)*, der Name des Meisters *(Peter Stürzer)* und seine Zunftbezeichnung *(Lebzelter und Waxarbeit)* überliefert. Auch Stürzer war sich damals wohl klar, daß er eine Besonderheit geschaffen hatte. Das *wächserne Mädle* ist in Größe und Ausführung ein kostbares Unikat. Heute befindet sich die Figur in der Crescentia-Gedenkstätte.

Bemühungen um die Seligsprechung

Am 20. August 1768 übernahm Fürstbischof Clemens Wenceslaus die Diözese Augsburg. Da er Crescentia sehr verehrte, änderte sich auch die Einstellung der Diözese im Hinblick auf ihre Seligsprechung. Der Provinzial teilte damals dem Kaufbeurer Kloster mit, daß Johann Baptist Bassi, der 1744 zusammen mit Eusebius Amort der bischöflichen Untersuchungskommission angehört hatte, *jetzt ganz und gar Crescentianisch gesinnt sei,* und Pater Pamer, der letzte Beichtvater Crescentias, der diese Veränderung mit großer Freude erlebte (er starb am 4. Mai 1769), notierte damals: *Die Sachen der Crescentia stehen jetzt auf dem besten Wege, als es immer sein kann.*

Zunächst gab es jedoch noch keine Fortschritte. Der entscheidende Anstoß kam von Herzog Ludwig Eugen von Württemberg, der am 17. Dezember 1773 das Grab Crescentias besuchte. Er war tief beeindruckt, wandte sich unmittelbar darauf wegen einer Seligsprechung an den Fürstbischof und konnte ihn davon überzeugen, daß ein Prozeß eingeleitet werden müsse. Der Fürstbischof ließ nun den Schwestern im Kaufbeurer Kloster durch seinen Geistlichen Rat Anton Coelestin Nigg mitteilen, daß er beabsichtige, *den Anfang zu der Seligsprechung der gottseligen Crescentia zu machen.* Selbstverständlich gab das Kloster *um der Ehre seiner so lieben Mutter willen mit tausend Freuden seine Einwilligung dazu, da* (man) *ohnehin nicht ohne Betrübnis wahrnehmen mußte, daß aus den besten Zeugen, die mit ihr gelebt hatten, eine nach der andern dahinstürbe.*

Am 16. Mai 1775, am Tag des hl. Johannes Nepomuk, der im Kaufbeurer Kloster sehr verehrt wurde, ließ Fürstbischof Clemens Wenceslaus den Seligsprechungsprozeß eröffnen. Die Leitung hatte der damalige Domprobst und spätere Weihbischof Johann Nepomuk Freiherr von Ungelter, als Notar fungierte Johann Evangelist Schwicker, Chorvikar bei St. Moritz in Augsburg.

Die Kommission hielt sich zwischen 1775 und 1777 an 272 Tagen im Kloster auf und protokollierte gewissenhaft die Aussagen der Schwestern, die Crescentia persönlich gekannt hatten. Wichtig waren vor allem die Erinnerungen von Schwester Gabriele Mörz, die Crescentia noch als Novizenmeisterin erlebt hatte und sich genau an ihr Verhalten und an viele ihrer Aussprüche erinnerte.

Für den Konvent brachte der Prozeß nicht nur erhebliche Unruhen, weil auf den Fortgang der Untersuchungen oft Rücksicht genommen werden mußte, sondern beträchtliche Kosten, die auch das wirtschaftlich gesunde Kloster erheblich belasteten. Allein für Reisekosten waren 350 Gulden zu bezahlen, dann mußte das Kloster die Wohnungsmieten und den Lebensunterhalt der Kommissionsmitglieder übernehmen, die hohe Ansprüche stellten. Dazu wurde für 210 Gulden Papier gebraucht, 482 Gulden erhielt der Notar Schwicker für die Führung der Akten und die gleiche Summe nochmals für die Zweitschrift. 150 Gulden kostete die Reise zur Überbringung der Akten nach Rom im Jahre 1778. Insgesamt hatte das Kloster für diese Untersuchung die gewaltige Summe von 6164 Gulden und 44 Kreuzer aufzubringen.

In Rom mußten die Akten ins Lateinische und in einer Kurzfassung ins Italienische übersetzt werden. Das nahm einige Zeit in Anspruch und kostete viel. Die römische Congregation für die Seligsprechung hatte noch verschiedene Fragen, z. B. bezüglich der Darstellung des Heiligen Geistes als Person, zu den Devotionalien, die von Crescentia ausgegeben wurden, sowie zu einigen Schriften, die fälschlicherweise unter Crescentias Namen veröffentlicht worden waren.

Zwischen 1782 und 1783 mußten deshalb in Kaufbeuren weitere Untersuchungen durchgeführt werden. Nochmals wurden Zeugen aus dem Kloster und der Stadt befragt. Der Bischof ließ in St. Martin in Kaufbeuren und im Dom in Augsburg durch Verkündigung und Anschlag dazu aufrufen, daß jeder, der schriftliche Zeugnisse von Crescentia besitze, diese zur Verfügung stellen möge.

Im Dezember 1783 konnten auch diese Akten nach Rom gebracht werden, und am 4. Mai 1785 erteilte der Papst die Erlaubnis zur Eröffnung des Seligsprechungsprozesses. Wiederum begannen in Kaufbeuren langwierige Untersuchungen. Vorsitzender war, wie bisher, Freiherr von Ungelter, mittlerweile Augsburger Weihbischof. Zu Beisitzern wählte er sechs Äbte aus der Diözese Augsburg: Abt Joseph Maria von St. Ulrich in Augsburg, Fürstabt Honorat von Ottobeuren, Abt Michael von Thierhaupten, Abt Ämilian von Füssen, Abt Joseph von Wessobrunn und Fürstabt Honorius von Irsee.

Sitzungsort war der Schwesternchor in der Klosterkirche. Die Kommission tagte jeweils von 9.00 bis 12.00 Uhr, und von 15.00 bis 19.00 Uhr. Da die Kirche nicht geheizt werden konnte, mußten die Sitzungen im Herbst eingestellt und bis zum Frühjahr unterbrochen werden. In der Zwischenzeit wurden die Akten im bischöflichen Archiv in Augsburg aufbewahrt. Erst 1788 konnten die Untersuchungen abgeschlossen werden. Die Abschriften sämtlicher Protokolle, immerhin acht Foliobände mit zusammen 4000 Seiten, sollten im Kaufbeurer Pfarrhof überprüft werden. Da dieser jedoch am 18. Dezember 1788 abbrannte, wich man für diese Arbeit, die viel Zeit beanspruchte, in das Kloster Ottobeuren aus. Das Original wurde im Bischöflichen Archiv in Augsburg hinterlegt, eine Abschrift brachte man 1790 nach Rom.

Wiederum mußten alle Texte ins Lateinische und eine Kurzfassung ins Italienische übertragen werden. Das Ergebnis der nachfolgenden Untersuchung fiel positiv aus. In der Schlußsitzung am 28. Juli 1801 gelangte die Kommission einstimmig zu dem Urteil, das Papst Pius VII. am 2. August 1801 verkündete: *Es steht fest, daß die ehrwürdige M. Crescentia Hössin sich durch einen heldenmäßigen Grad in jeder Tugend ausgezeichnet hat.*

Von den zahlreichen Heilungen, die dokumentiert waren, wurden zwei als Wunder anerkannt. Eine Frau Franziska Brix aus Ottobeuren litt an einer Tränenfi-

Für die Selig- oder Heiligsprechung von Nicht-Märtyrern wird neben anderen Bedingungen seit 1983 jeweils nur ein ordnungsgemäß anerkanntes **Wunder** verlangt.

stel, die der Chirurg Michael Endres vergeblich zu kurieren suchte. Der Bruder von Frau Brix, Leibmedikus des Fürsten von Fürstenberg, riet zur Operation, doch der Chirurg wagte die Operation nicht, weil der Knochen bereits angegriffen war. Die Patientin wandte sich an Crescentia und versprach bei einer Heilung ein silbernes Auge als Votivgabe. Als sie am übernächsten Tag zum Arzt kam, war die Fistel verschwunden und das Tränenbein wieder vollständig hergestellt.

Der zweite Fall betraf Frau Magdalena Kollmann, eine Witwe aus Jengen bei Buchloe. Sie spürte 1764 plötzlich heftige Schmerzen an der Brust und fühlte eine taubeneigroße Geschwulst. Dr. Christoph Jakob Appin in Kaufbeuren diagnostizierte Brustkrebs und riet zur Operation. Frau Kollmann ging in die Klosterkirche und bat Crescentia um Hilfe. Schon hier ließen die Schmerzen nach, und am folgenden Tag war von der Geschwulst nur noch eine Schuppe von der Größe eines Fingernagels zu sehen. Dr. Appin, der dem evangelischen Bekenntnis angehörte, konnte sich die Heilung nicht mit natürlichen Mitteln erklären und schrieb sie der *Allmacht Gottes* zu. Frau Kollmann lebte nach ihrer Heilung noch nahezu 20 Jahre.

Das Kaufbeurer Kloster mußte für die hohen Kosten des gesamten Verfahrens der Seligsprechung aufkommen; sie beliefen sich auf insgesamt 33 368 Gulden. Die Reisekosten z. B. betrugen 425 Gulden, 1476 Gulden waren für Notar, Schreiber und Trinkelder zu bezahlen, 16 650 Gulden mußten nach Rom geschickt werden. Das war eine gewaltige Summe, wenn man berücksichtigt, daß die jährlichen Bareinnahmen gegen Ende des 18. Jahrhunderts nur rund 5000 Gulden betrugen. Gönner wurden um Unterstützung gebeten, doch trotz zahlreicher Spenden blieb die Hauptlast beim Kloster, das allerdings dank der Spenden vieler Wallfahrer in der Lage war, alle Kosten zu begleichen.

Für die Kaufbeurer Schwestern gab es allerdings eine bittere Enttäuschung: wegen der Napoleonischen Kriege und der beginnenden Säkularisation kam es nicht mehr zur erwarteten Seligsprechung. Vielmehr drohte nun dem Kaufbeurer Kloster die Aufhebung im Zuge der Säkularisation. Am 21. Juli 1805 richteten angesehene Kaufbeurer Bürger ein Gesuch an die Baierische Landesdirektion in Schwaben mit der Bitte, man möge die Schwestern wenigstens nicht aus dem Kloster vertreiben:

Es läßt sich schlechterdings nicht (ver)bergen, daß der ehemalige Flor Kaufbeurens durch die Drangsale des Krieges und den Verfall der Weberfabriken und Abnahme aller Gewerbe ziemlich tief heruntergesunken sei. Die Wallfahrt, welche gegenwärtig noch ungefähr 10 000 Personen, und unter diesen nicht wenige von Stand, Ansehen und Vermögen, jährlich herbeiführt, sei für einen großen Teil der Bürger eine gute Erwerbsquelle, deren plötzliche Sistierung den hiesigen Wirten, Bäckern, Metzgern und den zahlreichen Viktualisten sehr schwer fallen würde. Die Klosterfrauen dürften des erbetenen Genusses um so würdiger geachtet werden, als es wenigstens hierorts notorisch ist, wie so mancher Arme, so mancher Kranke seine reichliche Spende aus der Hand dieses kleinen Convents genossen habe.

Verständlicherweise hatten die Kaufbeurer Bürger für ihren Antrag weniger religiöse, als vielmehr ganz konkrete wirtschaftliche Gründe. Trotz aller Bemühungen wurde das Kloster 1806 aufgehoben, doch konnten die 18 Schwestern in den Klostergebäuden wohnen bleiben.

Unsere bisher unter Rechnungsgabe bestandene Haushaltung hat sich seit dem 16. August aufgehöret, schrieb die Oberin M. Elisabeth Ibel (1749 in Marchtal geboren, trat sie 1768 ins Kaufbeurer Kloster ein, wurde 1799 zur Oberin gewählt und starb 1822, *nachdem sie bis in das 24. Jahr das Amt als würdige Mutter mit großem Eifer und Sorgfalt verwaltet hat*) dem Augsburger Generalvikar Anton Coelestin Nigg am 21. September 1806, *und wir sind von jener Zeit an in den Alimentations- oder gar Pensions-Stand versezt, daß man nun unser Kloster, nach dem izt beliebten Ausdruck aufgelöst heißt. Wir verstehen dieses Wort nur von Besitzungen und Einkommen, denn in Hinsicht der vor Gott durch Gelübde aufgenommenen Verbindungen hält sich keine von uns – auch im geringsten Punkte nicht – für aufgelöst, und wir danken Gott, daß wir doch in*

*unserer geliebten klösterlichen Wohnung verbleiben dürfen,
wo wir nach unserer alten Weise – obschon kümmerlicher –
gemeinschaftlich zu leben entschlossen sind.* (...)
Dann kam die Oberin auch auf die Verehrung und die ange-
strebte Seligsprechung Crescentias zu sprechen: *Die Wallfahrt
ist zwar unverwehrt, aber daß ihr die Abna(h)me der Opfer einen starken Stoß gebe, läßt sich nur zu wahrscheinlich ver-
muthen. Je nun, Gott wird die Ehre seiner Dienerin dennoch
befördern, wenn schon ein Aufschub dazwischen kömt.*
Als die Schwestern 1823 ein Gesuch um Wiedererrichtung des
Klosters stellten, unterstützte dies der Kaufbeurer Magistrat mit
einer Stellungnahme vom 14. November: *Das Frauenkloster in
Kaufbeuren genießt schon seit langer Zeit so großes Vertrauen,
daß die Gläubigen aus der Nähe und Ferne stets in großer Anzahl hierher wallfahren, um sich dem Schutze der daselbst ver-
ehrten heiligen* (!) *Crescentia anzuempfehlen und ihre Hülfe
zu erbitten.*
Die Stadtverwaltung sah es für günstig an, auf den wirtschaftlichen Gewinn im Gefolge der Wallfahrt hinzuweisen, aus dem
auch der Staat seinen Nutzen ziehen konnte: *Von der großen
Anzahl der jährlichen Wallfahrer schöpfen die Bewohner
Kaufbeurens namhaften Vorteil, ihre Gewerbsamkeit und
Nahrungsquelle haben sie zum Teil nur dieser zu verdanken.
Das völlige Aufheben des Klosters* (durch das Verbot, Novizinnen aufzunehmen, war das Kloster zum Aussterben verurteilt)
würde den hiesigen Gewerbsleuten bedeutend schaden.
Schließlich erlaubte König Ludwig I. von Bayern am 14. Januar 1831 dem Konvent, der damals nur noch sechs Schwestern
zählte, die Wiederaufnahme von Novizinnen. Die Neuzulas-
sung erfolgte unter der Bedingung, daß die Klosterfrauen den
Schulunterricht für die Mädchen übernahmen. Da der Staat das
Klostervermögen nicht zurückgab, bedurfte es großer Opfer
und Einschränkungen, um für das rasch wachsende Kloster den
Lebensunterhalt zu sichern. Trotz aller wirtschaftlichen Nöte
plante man großzügig und vorausblickend für die neue Aufgabe. Man wollte nicht nur die Kinder unterrichten, sondern
auch zukünftige Lehrerinnen im rechten Geiste ausbilden.

Ganz im Sinne Crescentias erkannte das Kloster auch die sozialen Erfordernisse der Zeit. Da im Zuge der wachsenden Industrialisierung immer mehr ledige Frauen vom Land in die Stadt zogen, richteten die Schwestern in Kaufbeuren das erste Arbeiterinnenheim in Deutschland ein.

Angesichts all dieser Bemühungen vergingen viele Jahre, bevor man die Bemühungen um eine Seligsprechung Crescentias wieder aufnehmen konnte. Erst 1884 wurden unter dem Vorsitz des Bischofs von Augsburg nochmals Zeugen gehört und dann die Akten nach Rom gebracht. Das Kloster hielt engen Kontakt zur Leitung des Franziskanerordens in Rom. Der Generalpostulator schrieb den Schwestern am 27. Februar 1891, daß man alle Anstrengungen unternehme, um die Sache zu befördern. Vielleicht sei schon in drei Jahren ein Ergebnis zu erwarten.

Der Postulator vertritt die Selig- oder Heiligsprechung bei der Kongregation für die Heiligsprechungen in Rom. Der Vizepostulator übernimmt diese Aufgabe bei dem Verfahren in der Diözese. Er fördert die Verehrung der betreffenden Person und erarbeitet ihre Biographie. Papst Johannes Paul II. bestimmte in der Apostolischen Konstitution „Divinus perfectionis magister" vom 25.1.1983, daß auch Laien Postulator oder Vizepostulator werden können.

Die Schwestern im Kaufbeurer Kloster warteten in ungeduldiger Freude auf den glücklichen Abschluß des Prozesses und baten hochstehende Persönlichkeiten um hilfreiche Vermittlung. Der Postulator vertröstete: alles habe seine Richtigkeit, die Aussichten seien günstig, doch müsse alles den vorschriftsmäßigen Gang gehen. Selbst der Heilige Vater respektiere den Ablauf dieser Verfahren und greife nicht in irgendeiner Weise ein.

Das Kloster mußte große Summen aufbringen. Ein ärztliches Gutachten kostete 1895 immerhin 2675 Lire, etwa 2 200 Mark, damals eine erhebliche Summe. Unter dem Datum vom 18. November 1899 berichtete die Augsburger Postzeitung, daß im Mai des folgenden Jahres die Seligsprechung Crescentias zu erwarten sei. Das Kloster fragte sofort beim Generalpostulator in Rom nach und erfuhr, daß am 30. Januar 1900 die dritte und letzte Sitzung der Ritenkongregation für Crescentias Seligsprechung stattfinden werde; Schwierigkeiten seien keine mehr zu befürchten. Vorsorglich erinnerte der Generalpostulator noch daran, daß die Kosten vermutlich ziemlich hoch sein und die Summe von 40 000 Lire (etwa 32 500 Mark) vermutlich übersteigen werden. Am 30. Januar 1900 beteten die Schwestern von sechs Uhr früh bis zwölf Uhr mittags vor ausgesetztem Allerheiligsten um einen günstigen Verlauf der Sitzung, der ihnen dann von Rom auch bald bestätigt werden konnte.

In einem Hirtenbrief kündigte der Augsburger Bischof Petrus von Hötzl die bevorstehende Seligsprechung an und dankte Prinzregent Luitpold von Bayern für seine Bemühungen, den Fortgang des Prozesses zu beschleunigen. Die Schwestern in Kaufbeuren freuten sich sehr, daß die Seligsprechung jetzt feststand, aber sie erinnerten auch ganz realistisch an die *mannigfachen Sorgen, welche mit dieser wichtigen Angelegenheit verbunden* seien, wobei natürlich nicht zuletzt die großen finanziellen Belastungen gemeint waren.

Am 14. Januar 1900 teilte der Generalpostulator mit, daß die Seligsprechung nicht in der Vorhalle, sondern wie bei Heiligsprechungen in der Kirche selbst stattfinden werde. Er bat um Zusendung einer vollständigen Ordenskleidung, *die zum Gebrauch des Künstlers dienen* (sollte), *der einige Bilder der Seligen zu fertigen hat.*

Im April 1900 kam der Augsburger Bischof ins Kloster und kündigte die Öffnung des Grabes der Seligen für den 26. April an. Die Klosterchronik beschreibt genau die Vorbereitungen, vom Bereitstellen der Gästezimmer bis zum Heraussuchen der notwendigen Geräte, wie *4 Löffel, Pinsel, Teller, 2 Pinzetten, Messer, Zange, Säge, Metermaß, Watte, ausgewaschene Leinwand und Alkohol* (sowie) *Papier, Tinte, Feder, Bleistift.*

Am 26. April verpflichtete man die beiden Ärzte und die anwesenden Handwerker (Schlosser, Schreiner, Maurer) unter Eid, nichts von den Gebeinen im Sarg Crescentias wegzunehmen. Dann ließ der Bischof nach einem feierlichen Gottesdienst das Grab öffnen. Die Siegel am Sarg waren unversehrt. Man trug diesen in einer kleinen Prozession in das sogenannte Stickzimmer, das als Sitzungsraum eingerichtet worden war, und öffnete ihn um 15 Uhr. Er enthielt etwa 40 Gebeine und den Schädel mit 14 noch gut erhaltenen Zähnen. Der Bischof ließ einige Stücke als Reliquien entnehmen; alles übrige legte man in ein mit weißem Seidenstoff gefüttertes Blechsärglein und brachte dieses in Crescentias Zelle, die danach abgesperrt und versiegelt wurde. An der Türe hing eine Tafel mit der Aufschrift: *Geschlossen auf Befehl des Apostolischen Stuhles. Augsburg, den 26. April 1900. Dr. Henle, Generalvikar.*

Im Auftrag des Klosters fertigte die Mayer'sche Kunstanstalt in München eine Figur Crescentias mit neun Vertiefungen, in die Kapseln mit den Gebeinen eingelassen wurden. Bezahlt wurde die Figur von Pater Remigius, Stadtpfarrer von St. Anna in München. Rumpf, Arme und Beine waren aus Holz gefertigt, das Gesicht wurde aus Silberblech getrieben und dann farbig gefaßt. Die Figur erhielt eine Klosterfrauenkleidung aus wertvollen Stoffen. In Filigran-Faßarbeit ließ man aus Gold und echten Edelsteinen, die von Wohltätern gestiftet worden waren, das Kränzlein herstellen. Das Kreuz ist aus schwarzem Hartholz mit massiv vergoldetem Christus. Kissen und Polster aus Silberstoff wurden mit feiner Goldstickerei verziert.

Bischof Julius Meszleny von Szathmar im Königreich Ungarn (heute in Rumänien) stiftete den Reliquienschrein, den der Kaufbeurer Goldschmied Dominikus Haggenmüller und sein Sohn Richard für 2480 Mark anfertigten. Sie verwendeten echt vergoldete Bronze, feinstes belgisches Spiegelglas und neben Glassteinen auch Edelsteine, die eigens dafür geschenkt worden waren. Der Schrein erhielt Verzierungen aus zisseliertem Feinguß. Er ist 1,70 m lang, 0,65 m breit und 0,70 m hoch.

Ende September reisten die Oberin und ihre beiden Assistentinnen nach München und von da über Innsbruck, Padua und Assisi nach Rom, wo sie am 3. Oktober ankamen. Am 7. Oktober 1900 erklärte Papst Leo XIII. die Kaufbeurer Franziskanerin M. Crescentia Höß vor 50 000 Gläubigen feierlich zur Seligen. Die erste feierliche Anrufung der neuen Seligen *Ora pro nobis, beata Crescentia!* hörten nicht nur die Pilger aus Kaufbeuren und Schwaben mit großer Bewegung. Das Pontifikalamt wurde zu Ehren Crescentias gefeiert. Die Oberin überreichte Papst Leo XIII. anschließend einen großen Blumenstrauß.

Am darauffolgenden Tag wurden die Schwestern zusammen mit dem Diözesanbischof vom Papst in Privataudienz empfangen. Die Oberin schenkte ihm eine Kelchausstattung aus feinem Leinen, bestickt mit weißer Seide und Gold.

An Allerheiligen übertrug man den Sarkophag von der Zelle in die Kirche und stellte ihn unter die Mensa des Hochaltars, wo er bis zur Umgestaltung der Klosterkirche im Jahre 1967 verblieb.

Vom 5. bis zum 12. Mai 1901 feierte man in Kaufbeuren die Seligsprechung. Das Kloster und die Straßen der Stadt, durch die der Sarkophag zur Pfarrkirche getragen wurde, waren festlich geschmückt. Neben Vertretern des Hauses Wittelsbach hatten viele weltliche und geistliche Würdenträger ihr Kommen zugesagt, darunter der päpstliche Nuntius, der Diözesanbischof, die Erzbischöfe von München und Bamberg, die Bischöfe von Speyer, Würzburg, Eichstätt und Rottenburg.

Während der Festwoche kamen insgesamt etwa 65 000 Gläubige nach Kaufbeuren; an jedem Tag wurde von einem Bischof ein feierliches Amt zelebriert.

Die Schwestern wählten ihre Selige zur Patronin und gaben ihrem Kloster 1922 den Namen Crescentiakloster.

Auf dem Weg zur Heiligsprechung

Dem Kloster wurde auch in den folgenden Jahren von zahlreichen Gebetserhörungen auf die Fürsprache der seligen Crescentia berichtet. 1927 übernahmen die Franziskaner die Seelsorge für das Crescentiakloster und bemühten sich auch um eine Heiligsprechung Crescentias. Erster Vizepostulator war Pater Mariophilus Hockenmaier, der jedoch sein Amt bald wegen Arbeitsüberlastung an Fr. Johannes Gatz weitergab. Dieser übte es bis 1977 aus und erwarb sich große Verdienste bei der Ordnung des Crescentia-Archivs, der Edition biographischer Quellenschriften, einer Biographie und einer Briefauswahl. Seine Nachfolger wurden 1977 Pater Damasus Bullmann und 1995 Dr. Karl Pörnbacher.

Am 3. November 1953 bat der Augsburger Bischof Dr. Josef Freundorfer Papst Pius XII. um die Einleitung eines Heiligsprechungsprozesses. Cardinal Cajetan Cicognani, Präfekt der Ritenkongregation, eröffnete am 13. Mai 1956 den Prozeß. In dem Dekret heißt es: *Die Verehrung der neuen Seligen wuchs seitdem* (gemeint ist die Seligsprechung) *von Tag zu Tag und breitete sich immer weiter aus. Die Christgläubigen haben sie angerufen und rufen sie noch an. Dabei sprechen sich neue, von Gott auf ihre Fürsprache gewirkte Wunder herum. Ihre Mitbürger von Kaufbeuren in der Augsburger Diözese sind einstimmig der festen Überzeugung, ihre Stadt blieb auf die wunderbare Fürsprache der seligen, von ihnen inständig angerufenen Crescentia von jeglichem Schaden während des letzten furchtbaren Weltkrieges bewahrt.*

Die Frage des Schutzes für die Stadt steht außer Zweifel. Als am 12. April 1945 Augenzeugen die geöffneten Bombenschächte der feindlichen Flugzeuge sahen, waren sie davon überzeugt, daß der Angriff Kaufbeuren gegolten habe. Die Flugzeuge flogen jedoch in Richtung Kempten, und dort gab es Tote und erhebliche Schäden. Ein Gutachten des Militärhistorischen Instituts in Freiburg vom 26. Mai 1987 stellte fest, daß es keinen eindeutigen Hinweis für einen geplanten Angriff auf Kaufbeuren gegeben habe.

1959 wurde die wunderbare Heilung eines Mannes vom Darmkrebs untersucht. Der Geheilte erkrankte jedoch nach mehreren Jahren an Gesichtskrebs. Daraufhin erkannte die Ritenkongregation die erste Heilung nicht mehr als Wunder an, obwohl die behandelnden Ärzte erklärt hatten, daß zwischen den beiden Erkrankungen kein Zusammenhang bestehe.

Am Mittwoch, den 10. Juni 1998, eröffnete der Diözesanbischof Dr. Viktor Josef Dammertz einen weiteren kanonischen Prozeß, den der Vizepostulator Dr. Karl Pörnbacher und der Postulator Dr. Andrea Ambrosi vorbereitet hatten. Untersucht wurde die Gebetserhörung für ein Mädchen, das nach einem Badeunfall im Juni 1986, bei dem es 35 bis 45 Minuten unter Wasser gelegen hatte, reanimiert und vollkommen geheilt werden konnte.

In der Zeit vom 24. Juni bis 20. Juli 1998 fanden im Crescentiakloster Kaufbeuren die Vernehmungen der Zeugen statt. Am Dienstag, den 28. Juli 1998, wurde das Schlußprotokoll verlesen. Der Postulator brachte am folgenden Tag die Akten nach Rom, wo sie geprüft und für in Ordnung befunden wurden. Nach der Übersetzung der Prozeß-Akten ins Italienische wurden die ärztlichen Dokumente und die Aussagen der Zeugen an fünf Mediziner weitergegeben, angesehene Professoren, die alle medizinischen Vorgänge und Ergebnisse sowie denkbare Erklärungsversuche sorgfältig überprüften.

Am Dienstag, 11. Januar 2000, trafen sich die fünf medizinischen Gutachter um 10 Uhr zu einer offiziellen Sitzung, bei der die einzelnen Voten vorgetragen und diskutiert wurden. Die Kommission gelangte schließlich einstimmig zu dem Ergebnis, daß die Heilung medizinisch nicht erklärbar ist.

Den Wortlaut der ärztlichen Stellungnahme brachte der Postulator, Dr. Ambrosi, am 21. März nach Kaufbeuren. Im Rahmen eines Wortgottesdienstes in der Klosterkirche verlas der Vizepostulator den Bericht über die Sitzung der Ärztekommission und das abschließende Gutachten.

Am Freitag, den 7. April 2000, diskutierte eine Kommission von sieben Theologen das Verfahren. Auch die Theologen gelangten einstimmig zu dem Ergebnis, daß es sich hier um ein Wunder auf die Fürsprache der seligen Crescentia handle.

Schließlich tagte am 3. Oktober 2000 als drittes Gremium eine Kommission von 15 Kardinälen und Erzbischöfen unter dem Vorsitz der Kardinals Henri Schwery von Sitten / Schweiz. Auch hier votierten sämtliche Mitglieder für die Anerkennung. Der Kardinalpräfekt für die Heiligsprechung trug die Abstimmungsergebnisse dem Heiligen Vater vor, dem die endgültige Entscheidung für die Heiligsprechung zusteht. In einer feierlichen Sitzung in der Aula Benedictina wurden am Montag, den 18. Dezember 2000, um 11.30 Uhr in Anwesenheit des Heiligen Vaters die Dekrete über abgeschlossene Heilig- und Seligsprechungsprozesse verlesen. Die Kernaussage des Dekrets über die selige Crescentia lautete: *Es steht fest, daß hier ein von Gott auf die Fürsprache der seligen Crescentia gewirktes Wunder vorliegt.* Anschließend überreichte Dr. Pörnbacher dem Heiligen Vater ein Exemplar des neuen Crescentiabuches.

Zur Delegation aus der Diözese Augsburg, die von Bischof Viktor Josef Dammertz angeführt wurde, gehörten neben dem Vizpostulator die Generaloberin Sr. M. Angela Sinn, die Konventoberin M. Ignatia Trautmann und Domkapitular Msgr. Konrad Hölzl.

Am Abend dieses Tages hielt Stadtpfarrer Adolf Nießner in der Kaufbeurer Pfarrkirche St. Martin eine Dankandacht. Zahlreiche Gläubige versammelten sich im Innenhof des Klosters, der mit Fackeln beleuchtet war, und hörten die Choräle, die von Mitgliedern der Stadtkapelle gespielt wurden.

Bei einem Konsistorium am 13. März 2001 hat der Heilige Vater Johannes Paul II. den Termin für die Heiligsprechung der seligen Crescentia Höß auf den 25. November 2001 festgelegt.

Bis heute ist Crescentia die große Helferin geblieben. Keine Heilige in der Diözese Augsburg wird so unmittelbar verehrt wie sie. Ihr Grab in der Klosterkirche ist zu einem Ort des Gebets geworden, zu dem unentwegt Menschen kommen. Die zahlreichen Beter aus allen Schichten der Bevölkerung und die Fülle an Mitteilungen über Gebetserhörungen sowie die vielen Votivgaben bezeugen, wie sehr Crescentias Leben und Wirken auch heute, über 250 Jahre nach ihrem Tod, immer noch als Maßstab empfunden werden und wie oft die Menschen ihre Hilfe und Fürsprache in vielfältigen Nöten erfahren.

Gerade weil Crescentia in so außerordentlichem Maße verehrt wird, ist ihre Heiligsprechung auch eine wichtige Botschaft für unsere Zeit, die Maßstäbe für die Erfüllung der Aufgaben in Kirche und Gesellschaft aufzeigt. Ihr Anliegen war, die Menschen auf den rechten Weg zu Gott zu führen und sie dabei hilfreich zu begleiten.

Heilige sind weder Automaten, die auf ein entsprechendes Gebet zu reagieren haben, noch Wundertäter, sondern Beispiele für ein Leben in der Nachfolge Christi.

Crescentia ist ein Vorbild für die Verwirklichung christlichen Lebens im Alltag. Ihr war stets die uneingeschränkte Annahme des göttlichen Willens wichtig sowie die Sorge um ihre Mitmenschen. Freude in Gott aus dem Wissen um ihre Gotteskindschaft bestimmte ihr Wesen und macht verständlich, daß sie von ihren Zeitgenossen als *heiter und vergnügt* charakterisiert wurde. Ihr Umgang mit den Menschen war geprägt von Zuwendung und Liebe, weil sie in ihnen Gott sah, vor allem wenn sie arm und hilfsbedürftig waren. Nicht weniger wichtig war für sie die Tatkraft, mit der sie das durchzusetzen suchte, was sie als richtig erkannt hatte: *Das Gute muß allzeit erstritten werden,* denn Gott hilft nur, wenn man selbst getan hat, was möglich ist.

Crescentia ist auch ein Vorbild für die Stellung der Frauen in der Kirche. Fromm, beharrlich, selbstbewußt und mit vernünftigem Augenmaß setzte sie sich für die Kirche und den Glauben ein, wurde für viele zur Seelenführerin und war überzeugt von der Notwendigkeit des verantwortungsvollen Mitwirkens in der Kirche. Für wesentlich hielt sie die Verehrung des Heiligen Geistes und die Bereitschaft zur Nachfolge Christi im Leiden, das sie nicht passiv hinnahm, sondern bewußt und dankbar erlebte.

Schließlich ist Crescentia eine Heilige der Ökumene. Ihre Kindheit und Jugend in der freien Reichsstadt Kaufbeuren, in der die Katholiken knapp ein Drittel der Bevölkerung ausmachten, formte auch ihre Einstellung zu den evangelischen Christen, zu denen sie selbstverständlich gute Kontakte pflegte. Immerhin ermöglichte erst der evangelische Bürgermeister ihren Klostereintritt. Auch evangelische Christen baten sie gerne um Rat und Hilfe, und bis heute wird sie von den Gläubigen beider Konfessionen verehrt.

KARL BRAUN: *Die Heilig-Geist-Verehrung der seligen Crescentia Höß.* Lindenberg 2000 – Eine vorzügliche Darstellung der Heilig-Geist-Verehrung Crescentias durch den Bamberger Erzbischof Dr. Karl Braun.

RICHARD DERTSCH: *Das Franziskanerinnenkloster in Kaufbeuren. Kurze Geschichte des Klosters.* In: *Bavaria Franciscana Antiqua* Bd. V. München 1961, S. 5–80 – Eine knappe, historisch verläßliche Darstellung der Klostergeschichte.

Briefe von, an und über Crescentia von Kaufbeuren aus der Zeit 1714–1750, hrsg. von Johannes Gatz, Kaufbeuren 1961 – Dieser ersten und bisher einzigen Briefauswahl kommt das große Verdienst zu, einen Eindruck von Crescentias Briefapostolat zu ermöglichen. Der Herausgeber hat die Briefe „zu leichterer Lesbarkeit unter möglichster Schonung der ursprünglichen Sprache in moderneres Deutsch übertragen und auch die heutige Schreibweise angewandt". Dadurch ist allerdings viel von der Unmittelbarkeit und Anschaulichkeit der ursprünglichen, schwäbischen Ausdrucksweise verlorengegangen.

Eine Mitschwester beschreibt das Leben ihrer Oberin, hrsg. von Johannes Gatz, Landshut 1971 – Wertvolle Aufzeichnungen der Mitschwestern Crescentias. Für die sprachliche Form gilt, was zur Briefauswahl gesagt wurde.

JOHANNES GATZ: *Leben der sel. Crescentia von Kaufbeuren. 1682–1744.* Furth 1978 – Eine gute Darstellung auf der Grundlage genauer Quellenkenntnis.

RUPERT GLÄSER: *Die selige Crescentia von Kaufbeuren. Leben, Worte, Schriften und Lehre.* St. Ottilien 1984 – Eine solide Zusammenstellung des Wissensstandes von 1984.

Nachrichten aus Briefen vor 250 Jahren, 1719–1743, über Crescentia Höß und M. Anna Josepha Lindmayr, hrsg. von Max Heinrichsperger (d.i. Pater Johannes Gatz), Landshut 1971 – Die erste, allerdings unvollständige Ausgabe der Briefe von Kaufbeuren nach München. Zur sprachlichen Form gilt, was zur Briefauswahl gesagt wurde.

MAX HEINRICHSPERGER: *Die ältesten Quellen zum Leben der Schwester Crescentia Höß.* Landshut 1975 – Ein wertvoller Abdruck der ersten Crescentia-Biographien.

KARL KOSEL: *Die selige Crescentia Höß von Kaufbeuren (1682–1744). Zur Ikonographie ihrer Visionen.* 1. Teil in: *Jahrbuch des Vereins für Augsburger Bistumsgeschichte e.V.* 28 (1994), S. 277–300; 2. Teil ebenda 32 (1998), S. 219–241 – Eine Darstellung der Verbreitung von Crescentias Heilig-Geist-Visionen vor allem im bayerisch-schwäbischen Raum.

ARTHUR MAXIMILIAN MILLER: *Crescentia von Kaufbeuren. Das Leben einer schwäbischen Mystikerin.* St. Ottilien 2. Aufl. 1976 – Eine anschauliche

Biographie mit vielen wertvollen Quellenangaben, die behutsam auch die mystischen Erfahrungen Crescentias darzustellen sucht.

Crescentia Höß – eine Kaufbeurer Klosterfrau und ihre Stadt im 18. Jahrhundert. Quellensammlung zur Ausstellung im kunsthaus kaufbeuren, hrsg. von Hilke Gesine Möller – Eine wichtige Zusammenstellung von zum Teil bisher unveröffentlichten Quellen zur Geschichte der Stadt und vor allem zur seligen Crescentia, deren Abdruck für diese Darstellung dankbar benützt wurde.

HANS ALBRECHT OEHLER: *Die Heilig-Geist-Vision der seligen Crescentia von Kaufbeuren in der Kunst Südwestdeutschlands.* In: *Jahrbuch des Vereins für Augsburger Bistumsgeschichte e.V.* 29 (1995), S. 160–174 – Eine wertvolle Ergänzung zum Aufsatz von Karl Kosel.

P. ANSGAR PÖLLMANN OSB: *Der lutherische Pastor Theodor Schmidt und die selige Kreszentia von Kaufbeuren.* Regensburg 1903 – Der Autor verteidigt Crescentia gegen unsachliche Angriffe und bringt zugleich auf der Grundlage fundierter Quellenkenntnisse vorzügliche Hinweise zu ihrer Biographie.

KARL PÖRNBACHER: *Crescentia Höß von Kaufbeuren 1692–1744.* Weißenhorn 1993 – Eine Biographie Crescentias mit 62 ganzseitigen Farbtafeln.

KARL PÖRNBACHER: *Crescentiakloster Kaufbeuren.* Lindenberg 1996 – Eine knappe Darstellung der Geschichte des Klosters, der Biographie Crescentias und der Kunstwerke im Kloster.

KARL PÖRNBACHER: *Crescentia Höß von Kaufbeuren.* Lindenberg 2000 – Biographie Crescentias mit 145 Farbtafeln und Abbildungen im Text.

KARL PÖRNBACHER: *Crescentia Höß von Kaufbeuren und ihre Verantwortung für die Mitmenschen.* Lindenberg 2000 – Festvortrag zum 100. Jubiläum der Seligsprechung.

M. FRANZISKA STAHL: *Auf dem Weg ins Geheimnis. Das Leben der Klosterschwester Crescentia Höß von Kaufbeuren (1682–1744).* Thalhofen 1999 – Eine ausgezeichnete Darstellung der Biographie Crescentias für Kinder.

M. FRANZISKA STAHL/M. IRENE SCHLEGEL: *Crescentia von Kaufbeuren. Lebensspuren – Glaubensspuren.* Thalhofen 1999 – Eine wertvolle Sammlung mit Aussprüchen Crescentias.

MANFRED WEITLAUFF: *Die selige Maria Crescentia Höß von Kaufbeuren.* In: *Bavaria Sancta.* Bd.2. Regensburg 1971, S. 242–282 – Knappes, subjektives Lebensbild von Crescentia.

Zeugen des Glaubens
● ● ● ● ● ● ● ● ● ● ● ● ● ● ●